노력이 천재를 이긴다

노력이 천재를 이긴다

초판 1쇄 발행 2013년 11월 1일

지은이 **조영탁** · 발행인 **권선복** · 편집주간 **김정웅** · 편집 **김소영, 김호연, 조웅연** · 디자인 **최새롬, 박연주** · 마케팅 서선교 · 전자책 신미경 · 발행처 **도서출판 행복에너지** · 출판등록 제315-2011-000035호 · 주소 (157-010) 서울특별시 강서구 화곡로 232 · 전화 0505-613-6133 · 팩스 0303-0799-1560 · 홈페이지 www.happybook.or.kr · 이메일 ksbdata@daum.net

값 15,000원
ISBN 979-11-5602-009-7   14300
ISBN 979-11-5602-004-2(세트)

Copyright ⓒ 조영탁, 2013

* 이 책은 저작권법에 따라 보호받는 저작물이므로 무단전재와 무단복제를 금지하며, 이 책의 내용을 전부 또는 일부를 이용하시려면 반드시 저작권자와 〈도서출판 행복에너지〉의 서면 동의를 받아야 합니다.
* 잘못된 책은 구입하신 곳에서 바꾸어 드립니다.

> 도서출판 행복에너지는 독자 여러분의 아이디어와 원고 투고를 기다립니다. 책으로 만들기를 원하는 콘텐츠가 있으신 분은 이메일이나 홈페이지를 통해 간단한 기획서와 기획의도, 연락처 등을 보내주십시오. 행복에너지의 문은 언제나 활짝 열려 있습니다.

도서출판 행복에너지 홈페이지를 방문하여 회원가입 하시면 신간발행 소식과 함께 (주)휴넷 조영탁 대표님의 행복한 경영이야기 소식을 전송하여 드립니다.

조영탁의 행복한 경영이야기
열정 편

노력이 천재를 이긴다

조영탁 지음

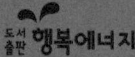

프롤로그

　성공하는 사람은 늘 열정적으로 살아가는 사람들입니다. 그들의 열정은 끊임없이 샘솟는 우물과도 같습니다.
　멋진 인생을 위해서는 한순간 반짝 불타고 마는 열정이 아닌, 가슴에 30년, 50년 가는 열정 엔진을 장착해야 합니다. 열정엔진을 가동하여 끝없는 노력을 계속해나가야 합니다.
　노력이 재능을 이깁니다. 노력이 천재를 만듭니다. 지루한 반복이 달인을 만듭니다. 연습할수록 운이 좋아집니다. 열정은 성공을 위해 없어서는 안 될 필수조건입니다.
　본서는 지난 10년간 발행된 '조영탁의 행복한 경영이야기' 중 열정과 노력에 관한 내용을 모아 엮은 것입니다.
　10년 전 어느 날, '어차피 하는 공부라면 남들과 함께 나누자'는 소박한 생각으로 조영탁의 행복한 경영이야기를 시작하였습니다. 초기에는 초일류 기업과 훌륭한 경영자, 경영학자들을 연구하면서 '위대한 기업'의 조건을 밝히고 그 결과를 공유하였습니다. 점차 경영을 넘어 자기계발, 리더십, 문학, 철학, 역사를 포함한 인문학까지 범위를 확대했습니다.

권당 하나의 주제, 주제당 한 시간을 가정할 경우 대략 2,500여 권의 책, 2,500시간을 행복한 경영이야기에 투자했다 할 수 있습니다.

그동안 200만 독자로부터 분에 넘치는 사랑을 받았습니다. 그러나 행복한 경영이야기로 인해 가장 행복한 사람은 바로 저입니다. 행복한 경영이야기 덕분에 신나게 공부하고 활기차게 생활할 수 있었습니다. 매일 새벽 6시 30분에 출근하여 책을 읽고 촌철활인의 통찰을 메모하며, 주옥같은 명언을 발췌했습니다. 소위 '10년 법칙'처럼 꾸준한 학습을 해온 덕에 경영과 리더십, 인생을 살아가는 법을 조금은 터득하게 되었습니다.

여러분의 분에 넘치는 사랑에 보답코자, 지난 10년간의 행복한 경영이야기를 꿈과 비전, 긍정, 열정, 인간관계, 리더십, 실천, 경영, Best 행경 주제로 정리하여 총 10권의 책으로 출간하였습니다.

동서고금을 통틀어 2,500여 책에서 가장 감명 깊은 구절들을 뽑아 엮어놓고 보니, 이대로 세상을 살아갈 수만 있다면 누구나 행복한 인생, 성공하는 삶을 살아갈 수 있을 것이라는 생각이 듭니다. 본서가 독자 여러분의 행복한 성공에 조금이라도 도움이 될 수 있기를 기원합니다.

조영탁

목차

프롤로그 ·· 05

PART 1 열정과 몰입

미쳐있는 그것은 반드시 실현된다 ················ 12
일을 사랑하라 ·· 43
절실함이 큰 사람을 만든다 ···························· 66

PART 2 끝없는 노력과 연습

노력과 연습이 천재를 만든다 ························ 90
걸작은 긴 시간에 걸쳐 만들어진다 ················ 126
작은 일도 성실하게 하라 ······························· 166

PART 3 학습하는 즐거움

평생학습을 즐겨라 ·· **202**
경험을 확충하라. 세상 모든 것으로부터 배워라 ······ **233**

PART 4 조직 열정

열정이 가득한 조직 만들기 ································ **256**

조영탁의 행복한 경영이야기
열정편

PART 1

열정과 몰입

미쳐있는 그것은 반드시 실현된다

일을 사랑하라

절실함이 큰 사람을 만든다

미쳐있는 그것은
반드시 실현된다

막연한 계획은
아무런 결과도 가져오지 못한다

파브르는 곤충에 미쳐 있었습니다. 포드는 자동차에 미쳐있었습니다. 에디슨은 전기에 미쳐 있었습니다. 지금 당신은 무엇에 미쳐 있는가를 점검해 보십시오. 왜냐하면 당신이 미쳐있는 그것은 반드시 실현되기 때문입니다.

– 폴 마이어

촌철활인 | 한 치의 혀로 사람을 살린다

어떤 일이든 처음부터 잘되는 일은 없습니다. 미쳐서 오랜 기간 몰입해야 비로소 결과가 나오기 시작합니다. 수적석천 즉, 물방울이 돌을 뚫는 것과 같은 이치입니다. 하루 평균 3,000번의 스윙을 했다는 최경주 선수는 이렇게 말합니다. "오늘 1,000개를 치겠다고 자신과 약속했으면 1,000개를 쳐야 한다. 999개 치고 내일 1,001개 치겠다며 골프채를 내려놓는 순간 성공은 당신 곁을 떠나간다."

인생이란 기관차를 움직이는 힘

물은 끓고 난 다음에 수증기를 발생시킨다. 엔진은 증기 게이지가 212도를 가리키기 전에는 1인치도 움직이지 않는다. 열정이 없는 사람은 미지근한 물로 인생이라는 기관차를 움직이는 사람이다. 이때 일어날 수 있는 오직 한 가지 현상, 그는 멈춰 버리고 말 것이다. 열정은 불속의 온기이며 모든 살아있는 존재의 숨결과 같은 것이다.

– 주타번

촌철활인 | 한 치의 혀로 사람을 살린다

　일에 대한 열정을 가진 사람의 눈은 반짝거립니다. 그 사람 주위로 점점 더 많은 사람들이 모여들면서 참여하고 흥미를 갖게 됩니다. 자신의 열정을 전파하여 조직을 신나게 만드는 것이 리더의 역할입니다. 토인비의 지적처럼 개인과 조직의 무기력을 극복할 수 있는 유일한 방법은 오직 열정뿐입니다.

모든 승자들이 가지고 있는
공통 특성, 열정

승자와 다른 사람을 차별화 시키는, 모든 승자들이 가지고 있는 특성을 꼽는다면 그것은 바로 열정일 것이다. 너무 사소해서 땀 흘릴 만한 가치가 없는 일이란 존재하지 않으며, 실현되기를 바라기엔 너무 큰 꿈이란 것도 존재하지 않는다.

— 잭 웰치

촌철활인 | 한 치의 허로 사람을 살린다

"열정은 목소리 크기, 혹은 화려한 외모와는 상관이 없다. 열정은 내면 깊은 곳에서 비롯되는 것이다. 오직 훌륭한 조직만이 그러한 열정을 불타오르게 할 수 있다."라고 잭 웰치는 말합니다. 열정은 전염됩니다. 또한 열정이 없는 리더를 따를 자는 없습니다. 리더에게 먼저 열정이 필요한 이유입니다.

타인으로부터
진심 어린 존경을 받는 방법

평균적인 사람은 자신의 일에 자신이 가진 에너지와 능력의 25%를 투여하지만, 세상은 능력의 50%를 쏟아 붓는 사람들에게 경의를 표하고, 100%를 투여하는 극히 드문 사람들에게 머리를 조아린다.

– 앤드류 카네기

촌철활인 | 한 치의 혀로 사람을 살린다

오랜 기간 자신이 가진 모든 것을 쏟아 부으면 다른 사람들이 모두 우러러 볼만한 성취를 이룰 수 있다는 것은 어찌 보면 당연한 성공방정식입니다. 무엇보다 중요한 것은 일생을 바쳐 헌신할 만한 재미있고 의미 있는 일을 먼저 찾아내는 것입니다. 행복한 성공의 출발점이 바로 그곳입니다.

보통 사람이 천재가 되는 법

천재는 보통 사람과 다를 게 없다. 다만 몰입함으로써 자신에게 숨어있는 재능을 인지하는 보통 사람일 뿐이다. 몰입하고 또 몰입하면 어떤 문제도 풀리게 마련이고, 그런 과정을 되풀이함으로써 자신도 모르게 천재가 되는 것이다.

— 윈 웽거 & 앤더스 에릭슨(미국의 유명한 천재연구가 박사)

촌철활인 | 한 치의 혀로 사람을 살린다

우리는 누구나 무한한 잠재력을 가지고 태어납니다. 우리 뇌는 후천적 노력에 의하여 얼마든지 발달시킬 수 있습니다. 뇌는 쉬운 문제만 접하게 되면 극히 일부만 활성화되는 반면, 자신의 능력을 넘어선 문제를 포기하지 않고 계속 생각하면 우리 뇌는 보다 더 날카롭게 생각하려 노력합니다. 이러한 노력을 지속하면 머리가 좋아지게 됩니다. (황농문, '몰입-두 번째 이야기'에서)

실패한 사람은 재능을, 성공한 사람은 열정을 이유로 든다

꿈을 이루지 못한 사람들은 "나는 재능이 없었어."라고 말한다. 꿈을 이루지 못한 이유가 재능이 없었다는 것이라면 꿈을 이룬 사람들은 모두 "재능이 있었다."라고 대답하는 것이 맞겠지만 성공한 사람 중에 그런 대답을 한 사람은 한 명도 없다. 꿈을 이룬 사람들은 "정말로 하고 싶었던 일을 열정을 가지고 계속 했을 뿐이다."라고 말한다.

– 기타가와 야스시, '편지가게'에서

촌철활인 | 한 치의 혀로 사람을 살린다

실패한 사람은 '재능'에 의지하여 꿈을 이루려고 합니다. 반면 성공한 사람들은 '열정'에 의지하여 꿈을 이루려고 합니다. 넘치는 재능이 있지만 열정이 없어서 꿈을 실현할 수 없었던 사람은 많이 있습니다. 반면에, 각 분야에서 성공한 사람 중에 열정을 계속 가지고 있지 않았던 사람은 없습니다. 필요한 것은 재능이 아니라, 하고 싶은 일에 열정을 다하는 것입니다. 누구든 열정을 통해 재능을 꽃피울 수 있습니다.

우리는 기술보다 태도를 우선시한다

의욕이 넘치고 태도가 올바른 사람이라면 필요한 기술을 문제없이 습득할 수 있다. 하지만 의욕이 없거나 집중하지 않는 직원은 결코 기술을 배우지 못할 것이다.

– 토머스 골리사노(페이첵스)

촌철활인 | 한 치의 혀로 사람을 살린다

능력은 태도에 비해 비교적 쉽게 개선될 수 있습니다. 그러나 태도 변화 또한 전혀 불가능한 것은 아닙니다. 경영자로서 가장 기쁜 일 중 하나는 전혀 변할 것 같지 않던 직원의 태도와 자세, 가치관이 바람직한 방향으로 변화하는 것을 바라보는 것입니다.

욕심이 나를 성공시킬 원동력이 된다

욕심이 없으면 평탄한 인생을 살 수 있다. 하고 싶은 욕심이 있기에, 하고 싶은 일이 있기에 시련도 겪는 것이다. 욕심이 없으면 벽에 부딪칠 일도 없다. 하지만 그래서는 진정한 뜻을 세우지 못한다. 욕심을 가져라. 그것이 우리를 성장시킬 원동력이 될 테니까.

— 사사키 쓰네오, '일과 인생의 기본기'에서

촌철활인 | 한 치의 혀로 사람을 살린다

욕심이라고 하면 나쁘게 들릴 수도 있습니다. 그러나 사실 욕심은 우리 삶의 원동력이 됩니다. 욕심이 있기 때문에 열심히 공부하고 열심히 일하는 것입니다. 다만 자기 위주의 욕심은 반드시 벽에 부딪치기 마련이라는 사실을 명심해야 합니다. 나만을 위한 욕심이 아닌, 공동체를 위한 욕심, 남을 먼저 배려하는 욕심으로 뜻을 세울 때 세상의 모든 힘이 나의 성공을 돕게 됩니다.

젊어 고생은 사서 해야 한다

나는 부하직원의 성장을 돕기 위해 "지금 담당하고 있는 일에는 100% 에너지를 투입하고, 남은 20%의 에너지를 내일 할 일에 사용하라."라고 독려한다. 100%+20%는 120%다. 120% 성장론이다. 성장하는 사람은 항상 본인의 능력보다 조금 더 많은 정도, 즉 120% 정도의 과제에 도전한다.

— 와타나베 미키, '싸우는 조직'에서

촌철활인 | 한 치의 혀로 사람을 살린다

일과 삶의 균형은 매우 중요한 가치입니다. 요즘엔 Work & Life Balance를 넘어 Work & Life Harmony로 진화하고 있습니다. 즉 양적 균형이 아닌 질적 조화가 중요하다는 것입니다. 인생 전체로 놓고 Work & Life Harmony를 위해선 젊어서는 정시퇴근보다는 일에 미쳐 지내는 시간을 더 많이 가지라고 조언하고 싶습니다. "젊어서 고생은 사서 한다."라는 옛말의 진정한 가치를 이제야 알겠습니다.

흥이 나야
위대한 것을 만들어낼 수 있다

"가끔 미치는 것이 즐겁다."라는 그라이키아 시인의 말에, 또는 "제 정신인 사람은 시문학의 문을 두드려도 헛일이다."라는 플라톤의 말에, 또는 "광기가 섞이지 않은 위대한 재능은 없다."라는 아리스토텔레스의 말에 동의하든 않든, 마음은 흥이 나야만 남을 능가하는 위대한 것을 말할 수 있다네.

— 세네카

촌철활인 | 한 치의 혀로 사람을 살린다

'인생이 왜 짧은가'에서 '타율, 강압, 긴장'보다 '자율, 재미, 흥겨움'이 조직과 개인의 생산성 향상에 도움이 된다는 것은 자명한 이치입니다. 우리나라 사람들의 강점 중 대표적인 것이 바로 '신바람' '끼'입니다. 일터를 신명나게 만들고 가끔은 축제의 장을 제공해 위대함을 창조하는 '신바람 경영'을 한국적 경영브랜드로 만들어 가면 어떨까요?

세일즈의 신이 된 비결

일본에서 세일즈의 신이라고 불리는 하라이치 헤이가 은퇴 후 기자회견을 가졌다. 영업을 잘하는 비결을 묻자 그는 "저는 그저 남보다 많이 걷고 뛰었을 뿐입니다." 그리고는 양말을 벗고 발톱이 뭉개지고 굳은살이 두껍게 붙은 발을 보여주었다. 그는 덧붙여 "세일즈를 하고 있지 않을 때는 세일즈에 대한 이야기를 했습니다. 그리고 세일즈에 대한 이야기를 하고 있지 않은 때는 세일즈에 대한 생각을 하고 있었습니다."

촌철활인 | 한 치의 혀로 사람을 살린다

타인의 성공은 부러워하면서도 성공하는 사람들의 끝없는 노력, 고통, 열정은 애써 무시하는 경우가 많습니다. 뛰어난 세일즈맨은 그냥 생겨나는 것이 아닙니다. 다른 분야도 마찬가지입니다. 꿈을 가지고 거기에 목숨을 걸고 오랫동안 최선을 다해 살아가는 사람만이 그 분야의 1등이 될 가능성이 있습니다. 미쳐야 미칠 수 있습니다 不狂不及.

인생이란 기관차를 움직이는 힘

신입사원 시절 99번을 찾아가도 거절하던 곳이 100번째 가니까 사준 경험이 있다. 99번 찾아가서 포기했다면 그 99번은 모두 버리는 것이다. 증기기관차가 움직이는 것도 마찬가지다. 섭씨 99도에서 100도를 넘어서야 움직인다. 목표를 세우고 끈기를 갖고 끝까지 하는 것이 성공의 비결이다.

— 장평순(교원그룹 회장)

촌철활인 | 한 치의 혀로 사람을 살린다

99와 100의 차이는 단순히 1의 차이가 아닙니다. 가능과 불가능, 존재와 비존재를 가르는 결정적 차이입니다. 성공하지 못하는 것이 아니라 그만두는 것이 실패입니다. 위대한 성공의 돌파구는 포기하려는 단계를 넘어설 때 비로소 우리를 찾아옵니다.

백만 번의 프로포즈

할 수 있다는 자신감은 기술보다도 낫고, 해내고야 말겠다는 굳은 결심에서 나오는 강한 의지는 이 세상 어떤 지혜보다도 뛰어나다. 운명은 내 전부를 바치지 않고서는 한 발자국도 밀려나지 않는다는 것을 잘 알기에(문전박대라는 말을 뼛속으로 실감할 만큼 수없는 거절을 당했지만) 한두 번의 시도로 되지 않으면 백만 번이라도 고객의 가슴을 두드렸다.

– 조용모, '백만 번의 프로포즈'에서

촌철활인 | 한 치의 혀로 사람을 살린다

구매자들은 거의 모두 처음에는 '노'라고 말합니다. 진짜 세일즈맨은 구매자가 '노'라고 말하는 것에 지칠 때까지, 끈덕지게 매달리는 특성을 가지고 있습니다. 위대한 일은 열정 없이 성취되지 않습니다. 무엇보다도 큰 적은 의심과 두려움입니다. 스스로 할 수 없다고 생각하지만 않는다면 사람은 무슨 일이든 성취할 수 있습니다.

천재와 범인(凡人)의 차이점

재능이란 IQ(지능지수)의 높낮이를 가리키는 것이 아니라 어떤 일에서 '진정한' 흥미를 발견해 내고 '순수한' 재미를 느끼는 능력이다. 순수한 재미와 진정한 흥미는 지속성이 있다. 다시 말해 어떤 일에 흥미를 잃지 않고 계속 할 수 있는 능력이 재능이다.

- 이주형, '그래도 당신이 맞다'에서

촌철활인 | 한 치의 혀로 사람을 살린다

천재들은 보통 사람보다 5배 정도 더 노력한다고 합니다. 모차르트는 35년 동안 600여 편을 작곡했고, 아인슈타인은 50년간 248건의 논문을 썼습니다. 에디슨은 1,093건의 특허권을 따냈습니다. 재능을 발휘할 수 있는 분야를 찾아서 남보다 5배 더 열심히, 그리고 꾸준하게 노력하면 누구나 천재가 될 수 있습니다.

99보다 힘센 1

물을 끓이면 증기라는 에너지가 생긴다. 0도씨의 물에서도 99도씨의 물에서도 에너지를 얻을 수 없기는 마찬가지이다. 그 차이가 자그마치 99도씨나 되면서… 에너지를 얻을 수 있는 것은 물이 100도씨를 넘어서면서부터이다. 그러나 99도씨에서 100도씨까지의 차이는 불과 1도씨. 당신은 99까지 올라가고도 1을 더하지 못해 포기한 일은 없는가?

– 정채봉(시인), '처음의 마음으로 돌아가라'에서

촌철활인 | 한 치의 혀로 사람을 살린다

단순한 1의 차이가 존재와 비존재를 가를 만큼 결정적입니다. 99에서 포기하는 일은 전혀 하지 않는 것과 같습니다. 마지막 한 방울의 땀이 더해질 때 신천지가 열립니다.

사람은 마음속에 정열이 불탈 때 가장 행복하다

열정은 당신의 사랑을 성공적으로 이끌 것이다. 열정은 사랑의 감정에 불을 붓는다. 열정적이지 못한 인생은 살 가치가 없다. 열정적이지 못한 삶은 시험해 볼 가치도 없다. 세월은 피부를 주름지게 하지만, 열정을 저버리는 것은 영혼을 주름지게 한다.

– 더글라스 맥아더(장군)

촌철활인 | 한 치의 혀로 사람을 살린다

"무슨 일에 열중하고 있는 사람은 젊어 보인다. 사람은 그 마음속에 정열이 불타고 있을 때가 가장 행복하다. 정열이 식으면 그 사람은 급속도로 퇴보하고 무력하게 되어 버린다." 라 로슈푸코의 말입니다. 열정 없이 성취된 위업은 없습니다. 다행히 열의가 있는 것처럼 행동하면 자신에게도 열의가 있는 것처럼 느껴집니다.

백만 번의 프로포즈

미켈란젤로가 그의 가장 위대한 작품인 시스티나 성당의 600평방미터 넓이의 천장벽화를 그릴 때의 일이다. 한번은 그가 받침대 위에 올라가 누워서 천장 구석에 인물 하나를 조심스럽게 그려 넣고 있었다. 그때 친구가 다가와 이렇게 물었다. "여보게, 그렇게 구석진 곳에 잘 보이지도 않는 인물 하나를 그려 넣으려 그 고생을 한단 말인가? 그게 완벽하게 그려졌는지 그렇지 않은지 누가 안단 말인가?" 미켈란젤로가 말했다. "내가 알지."

촌철활인 | 한 치의 혀로 사람을 살린다

이런 내면적 동기부여를 미켈란젤로 동기라고 부릅니다. 어느 조직에나 소수지만 이런 사람들이 있습니다. 경험에 의하면, 이런 미켈란젤로 동기를 가진 사람들이 결국은 크게 성공합니다.

위대한 사람들의 공통점

위대한 사람은 단번에 그와 같이 높은 곳에 뛰어오른 것이 아니다. 많은 사람들이 밤에 단잠을 잘 적에 그는 일어나서 괴로움을 이기고 일에 몰두했던 것이다. 인생은 자고 쉬는 데 있는 것이 아니라 한 걸음 한 걸음 걸어가는 그 속에 있다. 성공의 일순간은 실패했던 몇 년을 보상해 준다.

-로버트 브라우닝

촌철활인 | 한 치의 혀로 사람을 살린다

　M. 마르코니의 명언을 함께 살펴보세요. "떨어지는 물방울이 돌에 구멍을 낸다. 승리의 여신은 노력을 사랑한다. 노력 없는 인생은 수치 그 자체다. 어제의 불가능이 오늘의 가능성이 되며, 전 세기의 공상이 오늘의 현실로 우리들의 눈앞에 출현하고 있다. 실로 무서운 것은 인간의 노력이다. 명예는 정직한 노력에 있음을 명심하자."

재능은 10배,
집중은 1,000배의 차이를 만든다

누구에게나 같은 양의 에너지가 잠재되어 있기 마련이다. 하지만 사람들은 보통 여러 가지 하찮은 일에 정력을 소비하고 만다. 나는 단 한 가지 일, 즉 그림에만 내 에너지를 소비할 뿐이다. 그림을 위해 다른 모든 것은 희생될 것이며, 거기에는 모든 사람들 그리고 물론 나 자신까지 포함된다.

— 피카소

촌철활인 | 한 치의 혀로 사람을 살린다

피카소는 사소한 일상에 결코 시간을 낭비하지 않았습니다. 집안에 물건이 가득 차 더 이상 지내기가 힘들게 되면 그냥 다른 집으로 이사를 갔다는 일화가 있을 정도입니다. 우리가 위인이라고 부르는 사람, 성공했다고 부러워하는 사람들은 누구도 따라올 수 없는 엄청난 집중력으로 자기 일에 몰두했고, 그 결과 특별한 명예와 부를 차지한 사람들입니다. 재능은 10배, 집중은 1,000배의 차이를 만들어 냅니다.

30년간 지속되는 열정

누구든 열정에 불타는 때가 있다. 어떤 사람은 30분 동안, 또 어떤 사람은 30일 동안. 인생에 성공하는 사람은 30년 동안 열정을 갖는다.

– 노만 빈센트 필

촌철활인 | 한 치의 혀로 사람을 살린다

CJ 이채욱 부회장은 "나는 봉급 받고 일했지만 단 한 번도 꿈을 포기한 적이 없었고 열정 없이 일한 적이 없었습니다."라고 말합니다. 금방 사그라지는 열정이 아닌 30년 이상 가는 열정엔 진을 장착해야 흔들리지 않고 목표를 향해 나아갈 수 있습니다.

A⁺ 형 인재란?

일 잘하는 사람은 주어진 업무를 빈틈없이 제시간 내에 잘 해낸다. 나는 이런 사람들에게 물어볼 것도 없이 A를 준다. 그러나 A⁺는 내가 미처 생각하지 못한 것을 지적해내거나 스스로 남다른 창의적인 방안을 만들고 해결해내는 사람들에게만 해당된다. 내가 생각한 대로 일을 해오는 사람은 A를 주지만, 나조차도 생각하지 못한 일을 해올 때는 A⁺를 준다.

― 진대제(전 정통부 장관)

촌철활인 | 한 치의 혀로 사람을 살린다

상사가 시키는 일을 잘하는 사람은 좋은 인재임에 틀림없습니다. 그러나 한 조직의 리더로 성장하는 탁월한 인재들은 스스로 하고 싶은 일을 만들어 상사를 그 일에 끌어들일 수 있는 인재들입니다. 이를 하청下請에 빗대어 상청上請이라 합니다.

진정한 프로는
뺄셈을 우선으로 한다

프로는 뺄셈, 초보는 덧셈. 진정한 프로는 뺄셈을 우선으로 한다. 버릴 수 있는 것은 버리고, 확실한 효과가 기대되는 한두 개에 자원을 집중한다. 그렇지 않으면 아무리 자금과 인력이 많아도 충당할 수 없다. 이것저것 다 하면 된다는 생각은 틀렸다.

— 오구라 히로시, '33세, 평범과 비범 사이'에서

촌철활인 | 한 치의 혀로 사람을 살린다

무엇을 해야 할까를 결정하는 것은 비교적 간단합니다. 오히려 무엇을 하지 말아야 할 것인가를 결정하기가 더 어렵습니다. 스피노자의 말처럼 "전부 이룰 수 있을 것이라 생각하는 한 이룰 수 있는 결심은 한 가지도 되지 못하기" 때문에 할 것보다는 포기할 것을 우선 골라내야 합니다.

중요한 일이 3가지 이상이라는 것은

제일 중요한 일 외에 몇 가지 더 해야 할 일이 있다 하더라도 세 가지 이상을 생각해서는 안 된다. 중요한 일이 세 가지 이상이라는 것은 중요한 일이 하나도 없다는 말과 같다.

– 짐 콜린스('Good to Great' 저자)

촌철활인 | 한 치의 혀로 사람을 살린다

"세계는 넓고 할일은 많은데 시간은 없고 능력은 부족하다."라는 말이 실감나는 하루하루의 연속입니다. 피터 드러커도 "제일 중요한 일을 먼저 하라. 그 다음 일은 생각하지도 말라." 역설합니다. 바쁠수록 가장 중요한 것부터 한 가지씩 차분히 풀어나가는 것이 삶의 지혜가 아닐까 합니다.

황금시간을
가장 중요한 과제에 투자하라

조각 시간을 모아봤자 아무런 성과도 나오지 않는다. 하루 가운데 진짜 의미 있게 사용할 수 있는 시간은 겨우 한 시간 정도이다. 더구나 인간의 기력과 체력 모두가 충만한 시간은 하루에 길어야 한두 시간이다. 그런 황금 시간을 A등급의 귀중한 과제에 중단 없이 집중적으로 한꺼번에 사용하지 않는 한 성과는 오르지 않는다. 달성하려고 한다면 첫째도, 둘째도 집중, 또 집중해야 한다.

– 피터 드러커

촌철활인 | 한 치의 혀로 사람을 살린다

피터 드러커는 시간 관리에 대해 특별한 관심을 가졌습니다. "시간은 독특한 자원이다. 시간을 빌릴 수도, 고용할 수도, 구매할 수도, 혹은 더 많이 소유할 수도 없는 것이다."라고 시간의 중요성을 강조했으며, 매니저의 가장 중요한 책무는 시간이라고 하는 귀중하지만 독특한 자원을 효율적으로 관리하는 것이라고도 말한 바 있습니다.

한 분야에 집중하라

자기 분야에서 최고로 성공하고 싶다면 먼저 한 분야의 최고 전문가가 되라. 자신의 능력을 여기저기 나눠 쓰는 일은 자제하라. 나는 여태까지 여러 가지 일에 손대는 사람이 돈을 많이 버는 것을 거의 보지 못했다.

— 앤드류 카네기(철강왕)

촌철활인 | 한 치의 혀로 사람을 살린다

투잡two job이 마치 능력 있는 사람의 표상처럼 여겨지던 때가 있었습니다. 그러나 세상은 그렇게 녹록지 않습니다. 한 가지 일에 집중해도 두각을 나타내기 어려운 세상에 두 가지 일을 다 잘하겠다고 나서는 것은 예고된 실패에 다름 아닙니다. 인생의 승부는 송곳처럼 집중된 에너지에 의해 결정됩니다.

증기가 에너지로 바뀌는 비결

증기나 가스는 갇히지 않는 한 움직이지 못한다. 나아가더라도 터널을 통과시키지 않으면 빛이나 에너지로 바꿀 수 없다. 어떤 인생도 집중하고, 몰두하고, 통제하지 않는 한 성장할 수 없다.

– 해리 에머슨 파스딕

촌철활인 | 한 치의 혀로 사람을 살린다

새무얼 스마일즈는 "여러 가지를 가장 빨리 할 수 있는 방법은 한 번에 한 가지씩만 하는 것"이라고 말했습니다. "우리는 한 가지 목표를 세우고 그것이 다른 모든 것에 우선하도록 할 때에야 성공할 수 있다." 아이젠하워 미국 대통령의 글도 같은 맥락에서 이해됩니다.

잘 버릴 줄 아는 것이 경쟁력이다

현상은 복잡하다. 법칙은 단순하다. 버릴게 무엇인지 알아내라. 핵심을 잡으려면 잘 버릴 수 있어야 한다. 핵심에 집중한다는 것은 잘 버린다는 것과 같은 얘기이다.

– 리차드 파인만(노벨물리학상 수상자)

촌철활인 | 한 치의 혀로 사람을 살린다

처칠은 "5분짜리 이야깃거리를 가지고 하루 종일 떠들 수는 있지만, 주어진 시간이 5분밖에 없다면 그걸 위해 하루 종일 준비해야 한다."라고 말했습니다. 핵심에 집중할 수 있다는 것은 곧 아깝더라도 대부분의 것을 과감히 버릴 줄 아는 것과 같은 이치입니다.

한 가지 주제를 물고 늘어져라

한 가지 주제를 물고 늘어져라. 스무 살 때 지렁이에 대해 글을 쓰고 싶어 한다면 그렇게 하도록 내버려둬라. 40년 동안 지렁이 이외에 다른 글을 쓰지 않아도 간섭하지 말라. 그가 예순 살이 되면, 이 세상에서 가장 권위 있는 지렁이 대가인 그의 집 앞에 순례자들이 모여들어 무릎을 꿇을 것이다. 그들은 문을 두드리며 지렁이 대가를 알현하고 싶어 할 것이다.

— 힐레어 벨록(영국 비평가), 작가를 지망하는 젊은이에게 주는 충고

촌철활인 | 한 치의 혀로 사람을 살린다

흙을 조금씩 옮기면 마침내 산을 옮기고, 소의 걸음은 느리지만 만 리를 갑니다 愚公移山 牛步萬里. "머리 좋은 사람이 성실한 사람을 이기지 못한다."라는 옛말이 있습니다. 크든 작든 성공에 이르는 위대한 비결은 오로지 꾸준함에 있습니다. (김영순 저, '최초는 짧고 최고는 길다'에서)

골칫거리에 감사하라

당신의 업무에서 생겨나는 골칫거리에 감사하라. 당신이 받는 월급의 반은 거기에서 나오기 때문이다. 일이 잘못되지 않는다면, 골치 아픈 사람을 다루어야 할 필요가 없다면, 일하며 발생하는 온갖 문제와 불쾌한 일들이 아니라면 누군가가 당신이 받는 돈의 반만 받고 그 일을 하겠다고 나설 것이기 때문이다.

– 로버트 R. 업디그래프

촌철활인 | 한 치의 혀로 사람을 살린다

골칫거리가 다가오는 것을 두려워하지 않는 사람을 위해 수없이 많은 더 크고 중요한 일들이 기다리고 있습니다. 더 많은 골칫거리를 찾아서 문제라기보다는 기회라는 생각으로 현명한 판단력을 발휘하여 기분 좋게 해결하는 방법을 터득한다면 놀라운 속도로 앞질러 나갈 수 있을 것입니다. 한 가지 더! 인생의 문제는 대부분 마음속에 있을 뿐 실제 삶에서는 일어나지 않는다는 사실이 과학적으로 입증되고 있습니다.

신중함보다는 과감함을 선택하라

저는 신중한 것보다는 과감한 것이 더 좋다고 분명히 생각합니다. 운명은 여성이므로 그녀는 항상 청년들에게 이끌립니다. 왜냐하면 청년들은 덜 신중하고, 보다 공격적이며, 그녀를 더욱 대담하게 다루고 제어하기 때문입니다.

— 마키아벨리, '군주론'에서

촌철활인 | 한 치의 혀로 사람을 살린다

실패를 방지하는 데 초점이 주어진다면 과감함보다는 신중함이, 새로운 것을 창조하는 데는 신중함보다 과감함이 적합합니다. 청년기에는 성장률이 일반적으로 높습니다. 그러나 개인, 회사, 국가 할 것 없이 나이 들고 성장하면서 지켜야 할 것이 많아지면 점점 신중해지고 보수적으로 바뀌게 됩니다. 조직의 안정을 추구하는 신중함이 결과적으로 조직의 쇠퇴를 촉진시킨다는 것은 아이러니가 아닐 수 없습니다.

일을
사랑하라

일이 즐거울 때 인생은 기쁨이다

일은 결코 힘들고 피곤한 괴로움이 아니다. 부지런히 일하면 오히려 정신이 맑아지고 인격 수양에도 도움이 된다. 어떤 일이든 자기 일을 해 나감이 곧 수행이고(諸業卽修行), 수행을 통해 자아발전을 완성하게 된다.

— 이시다 바이간

촌철활인 | 한 치의 혀로 사람을 살린다

일이 즐거울 때 인생은 기쁨이고, 일이 의무일 때 인생은 노예가 됩니다.(막심 고리끼) 자기 직분에서 즐거움을 느끼고 보람을 찾는 사람은 틀림없이 성공하게 됩니다.(헨리 포드) 주인처럼 일하면 주인이 됩니다.(정주영)

위대한 사람은 모두
위대한 노동자였다

위대한 사람들은 의견을 내는 데만 훌륭했던 것이 아니다. 위대한 사람들은 모두 위대한 노동자이기도 했다. 그들은 일에 있어 선택하고, 버리고, 힘을 발휘하고, 변형하여 만들고, 마무리하는 데 여념이 없었고 그러한 노동을 끊임없이 게을리하지 않았다. 그러한 노력과 노고가 그저 다른 사람들에게는 보이지 않을 뿐이다.

– 니체

촌철활인 | 한 치의 혀로 사람을 살린다

영국 작가 존 러스킨은 "우리의 노력에 대한 가장 값진 보상은 노력 끝에 얻는 무엇이 아니라 그 과정에서 만들어지는 우리 자신의 모습이다."라고 말했습니다. 의무감으로 일하거나 빨리 개발해 돈을 벌겠다는 생각이 아닌, 진정으로 일을 즐기는 사람만이 시간과 노력을 들여 탁월한 결과를 만들어냅니다.

게임에 열중하듯 자신의 일을 즐겨라

자신이 경기에 임하는 것처럼 열중하지 않는다면 일하는 의미가 없다. 자신이 열중하지 않는다면, 아무런 즐거움도 생길 수 없으며, 차라리 하지 않는 것이 좋다.

– D. H 로렌스

촌철활인 | 한 치의 혀로 사람을 살린다

가웨인은 "세상은 진정한 자기 자신이 되어 정말로 좋아하는 것을 하는 사람에게 대가를 지불한다."라고 말했습니다. 사람들은 누구나 남들보다 잘할 수 있는 탁월한 영역을 가지고 있습니다. 자신이 잘할 수 있는 영역을 찾아 자신이 가진 무한한 잠재력을 다 쏟을 수 있는 삶이 진정 행복한 삶입니다.

자신이 하는 일을 좋아하라

좋아하는 일을 해야 한다고 말하는 사람이 많다. 그러나 좋아하는 회사에 가서, 희망하는 부서에 배치되고 원하는 일을 하는 사람은 1만 명 중 한 명도 되지 않는다. 나머지 9,999명은 불행하고, 좋아하지도 않는 일을 억지로 해야 하기 때문에 능률이 떨어질까? 그렇지 않다. 오히려 자신이 좋아하지 않는 분야에서 출발했지만 그 분야에서 두각을 나타내는 사람이 크게 성공할 수 있다.

— 이나모리 가즈오, '왜 일하는가'에서

촌철활인 | 한 치의 혀로 사람을 살린다

이나모리 가즈오의 이어지는 충고입니다. "자기가 좋아하는 일을 추구하는 것은 유토피아를 찾는 것과 같다. 유토피아는 화려하지만, 현실에서는 절대 이루어질 수 없다. 그래도 유토피아를 현실에서 이루고 싶다면, 지금 자신 앞에 놓인 일을 먼저 사랑하라. 자신에게 주어진 일이 천직이라는 마음으로 즐겁게 일하라. 주어진 일이라서 어쩔 수 없이 한다는 생각을 버리지 않으면 일하는 고통에서 벗어날 수 없다."

일을 사랑하라!

억만장자들은 자신의 일을 사랑한다. 일이 돈을 벌어다 주기 때문이 아니다. 자신이 싫어하는 일을 하면서는 그처럼 부자가 될 수 없다. 부자가 되려면 가장 먼저, 당신이 하는 일을 사랑해야 한다. 사랑이 이윤을 얻기 위해 필요한 에너지를 가져오기 때문이다. 어떤 일이든 열정만으로 90%의 문제를 해결할 수 있다.

– 도널드 트럼프

촌철활인 | 한 치의 혀로 사람을 살린다

아마 상사가 '일을 사랑하라'고 말하면 이를 구시대적 발상이라 여길 신세대 직장인이 많을 것입니다. (대다수의 사람들이 반대할 수 있으나) 성공을 꿈꾸는 사람은 누구나 열정적으로 일을 사랑해야 한다고 저는 늘 주장합니다. 성공은 일에 대한 열정과 헌신에서 싹트기 시작하기 때문입니다.

창의적인 사람들의 공통점

창의적인 사람들은 서로 다르긴 하지만 한 가지 점에서 일치한다. 그것은 자신이 하는 일을 사랑한다는 사실이다. 그들을 움직이는 것은 명예나 돈에 대한 욕심이 아니다. 좋아하는 일을 할 따름이다.

– 미하이 칙센트미하이

촌철활인 | 한 치의 혀로 사람을 살린다

"미치지 못하면 미치지 못한다. 미쳐야 미친다."라는 불광불급 不狂不及이라는 말처럼, 미친 듯한 열정이 없으면 위대한 성취는 불가능합니다. 철강왕 앤드류 카네기도 "자기 일에 미치지 않은 사람이 성공한 예를 나는 보지 못했다."라고 말했습니다. 창의적 발상, 더 나아가 성공인생의 첫걸음은 자신의 일을 사랑하는 것(게임처럼 즐기는 것)입니다.

고통을 참으며 일하는 사람은 업적을 남길 수 없다

일하는 것을 고통으로, 참아야 할 괴로움으로 여기는 사람들은 커다란 성취를 이뤄내지 못한다. 인류 역사를 통틀어 위대한 업적을 남긴 사람들은 모두 자신이 하는 일에서 커다란 즐거움과 사명감과 의미를 찾은 사람들이다. 보다 많은 연봉이나 보다 높은 지위에 오르기 위해서 자신이 하는 일을 '참으면서' 하는 사람이 위대한 업적을 남긴 예는 없다.

– 탈 벤 샤하르

촌철활인 | 한 치의 혀로 사람을 살린다

　나의 삶은 먼 미래에 있는 것이 아니라, 하루하루, 한 순간 한 순간의 적분이 곧 나의 삶이 됩니다. 목표를 향해 걸어가는 매 순간이 고통으로 점철된다면 큰 성공을 거둔다 하더라도 행복한 삶이라 할 수 없을 것입니다. 매 순간의 일에서 즐거움과 사명과 의미를 찾기 위해 노력해야 합니다.

용암처럼 솟구치는 열정

나는 세상에서 가장 신나는 직업을 갖고 있다. 매일 일하러 오는 것이 그렇게 즐거울 수가 없다. 거기엔 항상 새로운 도전과 기회와 배울 것들이 기다리고 있다. 만약 누구든지 자기 직업을 나처럼 즐긴다면 결코 탈진되는 일은 없을 것이다.

— 빌 게이츠

촌철활인 | 한 치의 혀로 사람을 살린다

탁월한 리더들은 하나같이 자기 일에 대해 용암처럼 솟구치는 열정을 가지고 있습니다. 미국 최고경영자 연구기관인 스펜서 스튜어트는 미국에서 존경받는 50대 CEO들의 가장 두드러진 공통점은 자신이 하고 있는 일에 대한 불타는 열정이라고 했습니다.

타고난 일벌레, 빌 게이츠 회장

빌 게이츠와 일해 본 사람이면 누구나 그가 세상에서 가장 바쁜 사장이라 생각한다. 일에 대한 그의 열정은 유달리 뜨겁다. 매주 72시간씩 일하는 것은 다반사이며 심지어 90시간을 초과할 때도 많다. 일하지 않을 때는 빛을 무한히 흡수하는 블랙홀처럼 정보를 습득한다.

— '성공기업으로 바꿔주는 11가지 경영법칙'에서

촌철활인 | 한 치의 허로 사람을 살린다

돈벌이 수단으로만 일한다면 더 할 필요가 없는 사람이 빌 게이츠 회장일 것입니다. 빌 게이츠는 "매일 아침 눈 뜰 때 오늘 내가 할 일과 개발하게 될 기술이 인류의 삶을 변화시킨다는 생각을 하면 더없이 흥분되고 에너지가 넘친다."라고 일에 대한 열정을 토로하고 있습니다. 세상은 일에 대한 끝없는 열정을 가진 사람들에 의해 발전되어 왔으며, 앞으로도 그럴 것입니다.

일 속에서 행복을 찾다

나는 성공한 비결이 뭐냐는 질문을 종종 받는다. 내 대답은 의외로 간단하다. 나는 내가 하는 일을 정말로 좋아한다! 아무런 대가를 받지 않아도 즐겁게 일할 수 있을 정도로 당신이 정말로 하고 싶은 일을 찾아라. 그 후엔 당신에게 즐거운 마음으로 대가를 지불하고 싶을 만큼 그 일을 잘 해내라.

— 존 맥스웰

촌철활인 | 한 치의 혀로 사람을 살린다

발명가 토마스 에디슨은 "나는 평생 단 하루도 일하지 않았다. 재밌게 놀았다!"라고 말했습니다. 철학자 러셀은 "행복하다는 사람들을 자세히 살펴보면 공통적으로 지닌 것이 있다. 그중 가장 중요한 것은 그들이 하는 일이다. 일은 그 자체로도 즐거울 뿐 아니라 그것이 쌓여 점차 우리 존재를 완성하는 기쁨의 근원이 된다."라고 일을 통한 행복을 이야기했습니다.

어떻게
GE 최고경영자가 될 수 있었나?

일을 즐겼기 때문에 가능했다. 나는 꿈을 이뤄가는 과정에서 기쁨과 보람을 느낀다. 두 번째 내가 하는 일에 대해 항상 신념을 가져야 성공할 수 있다. 내가 의심하는 목표는 100% 실패한다. 옳다고 생각하는 것에 믿음을 가져라.

– 이멜트(GE 회장), "어떻게 CEO가 될 수 있었느냐?"라는 질문에 대한 답변

촌철활인 | 한 치의 혀로 사람을 살린다

올해 49세인 이멜트는 24년째 일주일에 100시간씩 일을 해왔다고 합니다. 일주일에 100시간이라는 수치는 월요일에서 일요일까지 매일 아침 7시부터 저녁 9시까지 일한다 해도 2시간이 모자라는 것입니다. 포춘지에서는 이를 두고 가히 '초인적인 bionic CEO'라 칭한 바 있습니다.

즐기면서 일하기

나는 즐기면서 일하는 사람들을 동경한다. 만일 당신이 현재 하는 일로 즐거움을 느낄 수 없다면 나는 다른 일을 찾아보라고 권하고 싶다. 스코틀랜드의 속담 중에는 다음과 같은 것이 있다. "살아 있는 동안 행복하라. 죽어 있는 시간이 길 것이니."

– 데이비드 오길비

촌철활인 | 한 치의 혀로 사람을 살린다

열정 없이 이루어진 위대한 업적은 없습니다. 그리고 이 세상에는 '약간의 열정'은 없습니다. 대신, 열정적이거나 열정적이지 않거나 둘 중 하나밖에 없는 것입니다. 열정은 많은 경우 일을 즐기는 데서 생겨납니다. 일찍이 막심 고리키가 말한 대로 "일이 즐거우면 세상은 낙원이요. 일이 괴로우면 세상은 지옥"이 됩니다.

돈보다는 좋아하는 일을 하라!

1,500명 대상으로 부를 축적하는 법에 대해 연구했다. 자기가 하고 싶은 일을 나중으로 미루고 우선 돈 버는 직업을 선택한 사람들이 조사 대상의 83%를 차지했다. 나머지 17%는 돈은 나중이고 하고 싶은 일을 최우선으로 하여 직업을 선택한 사람들이었다. 20년 후 1,500명 중 101명이 억만장자가 되었다. 그중 1명을 제외한 100명이 하고 싶은 일을 직업으로 선택한 사람들 중에서 나왔다.

— 미국 스롤리 블로트닉 연구소

촌철활인 | 한 치의 혀로 사람을 살린다

    사람들은 하고 싶은 일을 할 때 활력이 넘쳐 자신의 능력보다 더 많은 능률과 열매를 맺을 수 있다는 것을 입증한 놀라운 결과입니다. 공자도 이미 오래전에 "알기만 하는 사람은 좋아하는 사람만 못하고, 좋아하는 사람은 즐기는 사람보다 못하다."라고 설파한 적이 있습니다. 돈 보다 좋아하는 일, 즐길 수 있는 일을 찾는 사람들이 많아지길 바랍니다.

인생의 진정한 기쁨과 행복

우리 회사는 내가 직접 그리는 풍경입니다. 나는 내가 하는 일을 정말로 사랑합니다. 지금도 매일 아침 거의 탭댄스를 추면서 출근합니다. 돈이 아무리 많아도 결국 사람의 행복은 자신이 사랑하고 또 나를 사랑해주는 사람들에 의해 결정됩니다.

– 워렌 버핏, '하버드 MBA의 경영수업'에 나오는 MBA 학생들에게 던진 조언

촌철활인 | 한 치의 혀로 사람을 살린다

잭 웰치 역시 하버드 MBA학생들에게 같은 충고를 하고 있습니다. "내가 정말로 좋아하는 일을 하고 있는지 매일 아침 거울 테스트mirror test를 해보세요. 돈은 부차적인 것입니다. 좋아하는 일을 미친 듯이 하다 보면 돈은 저절로 따라옵니다." 직업 선택의 첫 번째 기준은 돈이 아닌 '좋아하는 일'이어야 함을 가르쳐주고 있습니다.

일을 바라보는 태도가 성공의 관건

가장 성공한 사람들은 정말 자신이 좋아하는 일을 하는 사람들이라고 생각한다. 그 무엇도 에너지와 열정을 따라갈 수는 없다. 성공은 자신이 원하는 것을 알고 아무리 힘들어도 꿈을 추구하는 사람들의 것이다.

– 자크 A. 내서(포드자동차 회장)

촌철활인 | 한 치의 혀로 사람을 살린다

 일에 대한 명언들 함께 살펴보세요. 레오나르도 다빈치는 "일을 즐겁게 하는 자는 세상이 천국이요. 일을 의무로 생각하는 자는 세상이 지옥이다."라고 말했습니다. "하고 싶은 일에는 방법이 보이고, 하기 싫은 일에는 변명이 보인다."라는 필리핀 속담도 재미있습니다. 헨리 포드는 "일하지 않는 사람은 절대 올바른 생각을 할 수 없다. 게으름은 비뚤어진 마음을 갖게 만든다. 긍정적인 행동이 따르지 않는 사고는 병균과도 같다."라고 말했고, 탈무드에는 "모든 노동은 인간을 고결하게 한다. 어린이에게 일하는 즐거움을 가르치지 않으면 그를 미래의 약탈자로 만들 것이다."라고 나와 있습니다.

남들이 하지 않으려는 일을 기꺼이 하기

성공한 사람들은 성공하지 않은 사람들이 하지 않으려는 일을 기꺼이 하는 사람들이야. 성공한 세일즈맨들은 전화를 걸고 싶지 않은 날조차도 고객들에게 전화를 많이 하도록 스스로를 훈련시킨 사람들이지. 그럴 기분이든 아니든 운동선수들도 매일 연습을 게을리하지 않아.

– 제프 켈러, '월요일의 기적'에서

촌철활인 | 한 치의 혀로 사람을 살린다

어느 누구에게나 정말 하기 싫은 귀찮은 일과 아무것도 하고 싶지 않은 귀찮은 때가 있기 마련입니다. 귀차니즘을 떨치고 일어나 꾸준하게 이어간 노력이 큰 성과를 낳는 반면, '딱! 오늘 하루만 쉬자.'는 예외를 용인하기 시작하는 조그마한 방심이 결국 아무것도 이루지 못하는 초라한 결과를 낳습니다.

일이 많고 힘들다고
죽는 사람은 없다

노동이 사람을 죽이는 경우는 없다. 그러나 빈둥거리며 지내는 것은 신체와 생명을 망친다. 새가 날기 위해 태어난 것처럼 인간은 노동을 하기 위해 태어났기 때문이다.

– 루터

촌철활인 | 한 치의 혀로 사람을 살린다

현대 광고의 아버지, 데이비드 오길비도 같은 이야기를 하고 있습니다. "나는 '일이 아무리 힘들어도 사람이 죽는 법은 없다'는 스코틀랜드의 속담을 믿는다. 인간은 지루함과 심리적 갈등, 그리고 질병 때문에 죽는다. 일이 많고 힘들다고 해서 죽는 사람은 없다."

내가 원하는 사람이 되기 위해서는…

당신이 되고 싶은 사람이 되기 위해서는 하고 싶지 않은 일을 해야 하고, 듣고 싶지 않은 말을 들어야 하고, 만나고 싶지 않은 사람을 만나야 한다. 원치 않는 일을 하지 않고 진정 원하는 일을 하는 사람은 없다.

– 조정민, '사람이 선물이다'에서

촌철활인 | 한 치의 혀로 사람을 살린다

우리는 누구나 당장 하고 싶지 않은 일, 어려운 일보다 편하고 쉬운 것을 찾게 됩니다. 그러나 당장 하고 싶은 일, 편한 일부터 찾아하는 사람은 자기가 되고 싶었던 원래 모습과 가장 멀리 있는 자기 모습을 발견하게 될 가능성이 그만큼 높아집니다.

불공평한 일의 법칙

일의 법칙은 매우 불공평한 것 같다. 하지만 아무 것도 이를 바꿀 수 없다. 일에서 얻는 즐거움이라는 보수가 클수록 돈으로 받는 보수도 많아진다.

– 마크 트웨인

촌철활인 | 한 치의 혀로 사람을 살린다

노만 빈센트 필 역시, "좋아하니까 하게 되는 그런 일을 하라. 그러면 성공은 저절로 따른다."라고 강조한 바 있습니다. 회사의 일을 즐길 수 있는 사람들로 구성원을 채우게 되면, 그들이 스스로 행복해하고, 부자가 되고, 회사도 더불어 부자가 되고 행복해지게 됩니다. 일은 모든 것을 걸고 할 수 있을 정도로 힘든 재미가 되어야 합니다.

기여의식은 더 큰 보상을 가져온다

30년간 인사노무 관련 업무를 하면서 다음 사례를 수없이 목격했다. 자신의 보수에 대해서 이의를 제기하는 사람들은 하나같이 보수만큼 일하거나 그보다 더 적게 일하기를 좋아하는 편에 속했다. 그러나 보수를 생각하지 않고 일 자체를 즐기며 활동적으로 일하는 사람들은 결과적으로 더 빠른 승진과 더 많은 보상을 받았다.

– 신재덕(NDS 사장), '팩토리얼 파워'에서

촌철활인 | 한 치의 혀로 사람을 살린다

나폴레온 힐은 수십 년간의 연구를 통해 "매일 딱 한 시간씩 보상을 생각하지 않고 일하면 의무로 규정된 근무시간을 모두 합친 것보다 훨씬 더 많은 보상을 받을 수 있다."라는 보상증가의 원리를 발견했습니다. 그는 성공한 사람들은 공통적으로 보상을 생각하지 않고 일하는 습관을 가지고 있다고 말합니다.

결과보다 과정을 즐겨라

"작가가 되고 싶어."라고 말하는 사람과 "글을 쓰고 싶어."라고 말하는 사람 사이에는 큰 차이가 있다. 전자는 칵테일파티에서 주목 받고 싶은 사람이다. 반면에 후자는 책상 위에서 고독의 시간을 가지며 오랫동안 준비하는 사람이다. 전자는 작가의 지위를 원하고 후자는 과정을 중시한다. 전자는 원하는 것이고, 후자는 실행하는 사람이다. 결국 후자가 뭐든지 이루어낸다.

— A. C. 그레일링

촌철활인 | 한 치의 혀로 사람을 살린다

　결과만을 좇다 보면 성취했을 때 잠깐 행복할 뿐, 오랜 시간 초조, 불안에 시달리며 불행한 상태에 머물게 됩니다. 반면에 과정을 즐기면 늘 여유롭게 살아가면서, 일상생활 속에서 행복을 느낄 수 있습니다. 과정을 즐기는 사람들이 더 크게 성공하는 실례를 주위에서 많이 보게 됩니다.

사소한 것들이 모여 위대함을 만든다

"이 부분을 손봤고, 저 부분도 약간 다듬었고, 여긴 약간 부드럽게 만들어 근육이 잘 드러나게 했죠. 입 모양에 약간 표정을 살렸고, 갈빗대는 약간 더 힘이 느껴지게 바꿨습니다." 미켈란젤로의 상세한 설명에 방문자가 물었다. "하지만 이건 어디까지나 사소한 부분이잖소." 미켈란젤로가 말했다. "완벽함은 결국 사소한 부분에서 나옵니다. 하지만 완벽함은 결코 사소한 문제가 아니죠."

― 테리 리히(데스코 CEO), '위대한 조직을 만드는 10가지 절대 법칙'에서

촌철활인 | 한 치의 혀로 사람을 살린다

빈센트 반 고흐 역시 "위대한 성과는 소소한 일들이 모여 점차 이루어진 것이다."라고 말했습니다. 원래 인간의 삶은 사소한 것들로 이뤄집니다. 그러나 그 사소한 것들이 모이고 모여 인격을 만들고 더 나가서는 국격國格을 만들기도 합니다.

절실함이
큰 사람을 만든다

절실히 염원하면 무엇이든 이루어진다

염원하면 '무슨 일이든 이루겠다!'는 집념이 샘솟고, 그 집념에서 놀랄 만한 엄청난 힘이 나온다. 원래 인간에게는 누구나 기적을 일으킬 힘이 잠재되어 있다. 그것을 믿고 실행하는가, 그렇지 않는가에 달려 있을 뿐이다. 한마디 덧붙이자면, 바보가 되어 무모하게 도전하는 마음을 가져야 한다.

— 메리 케이 애쉬(메리 케이 애쉬 화장품 창업회장)

촌철활인 | 한 치의 혀로 사람을 살린다

　절실히 염원하면 그것을 실현시키기 위해 자연히 모든 것을 걸고 온힘을 다하게 됩니다. 따라서 우리의 바람이 이루어지는 것은 시간문제입니다. 성공은 그것을 결의하는 가슴 속에 있습니다. 출발하기 위해서 위대해질 필요는 없지만 위대해지려면 출발부터 해야 합니다. (레스 브라운)

성공의 비결은 결코 운이 아니다

성공의 비결은 결코 운이 아니다. 셀 수 없이 많은 고통에 몸이 찢겨 나가도 웃으며 앞으로 나아갔던 사람들의 시린 상처를 들춰보라. 거기에 답이 있다. 까지고 부러지고 찍어진 내 두 발, 30년 동안 아물지 않은 그 상처가 나를 키웠다. 성공한 사람의 부와 명예만을 바라보지 마라. 또 그걸 운으로 이룬 것이라 생각하지 말라.

– 강수진, '나는 내일을 기다리지 않는다'에서

촌철활인 | 한 치의 혀로 사람을 살린다

훈련 한 번으로는 아무것도 일어나지 않는다. 자신을 채찍질하며 수천 번 훈련했을 때, 신체의 여러 부분에서 변화와 발전이 일어날 것이다.(올림픽 3관왕 체코 육상선수 에밀 자토) 고된 훈련 때문에 경기가 쉬웠다. 그게 나의 비결이다. 그래서 나는 승리했다.(체조 선수 나디아 코마네치)

강한 집념이 성공을 가져온다

목표를 끝까지 관철하고 말겠다는 집념은, 기개가 있는 자의 정신을 단단히 바치고 있는 기둥이며 성공의 최대 조건이다. 이것이 없다면 아무리 천재라고 할지라도 이리저리 방황하게 되고 헛되이 에너지를 소비할 뿐이다.

– 체스터필드

촌철활인 | 한 치의 혀로 사람을 살린다

성공은 그것을 결의하는 가슴속에 있습니다. 원래 인간에게는 누구나 기적을 일으킬 힘이 잠재되어 있습니다. 간절히 염원하면 '무슨 일이든 이루겠다!'는 집념이 샘솟고, 그 집념에서 놀랄 만한 엄청난 힘이 나옵니다. 절실히 염원하면 당신의 바람이 이루어지는 것은 시간문제인 것입니다.

절실함이 큰 사람을 만든다

외로운 신하와 서자로 태어난 사람은 그들의 마음가짐이 절실할 수밖에 없고, 그 어려움을 극복하는 생각이 깊을 수밖에 없다. 그러므로 그런 사람들은 남보다 뛰어난 사람이 되는 것이다.

— 맹자

촌철활인 | 한 치의 혀로 사람을 살린다

남보다 부족하고 어려운 상황에 처하게 되면 마음가짐이 남과 다를 수밖에 없습니다. 남보다 몇 배 더 고민하고 몇 배 더 노력하게 됩니다. 가장 큰 어려움을 겪고 난 후 사람들은 가장 크게 성장합니다.

긴장은 성장을,
안락함은 퇴보를 불러온다

정신적 건강은 어느 정도의 긴장 속에서 얻어진다. 이미 성취한 것과 앞으로 성취하고자 하는 것 사이의 간격, 지금의 나와 앞으로 되고자 하는 나 사이의 간격이 빚어내는 긴장 속에서 정신은 성장한다. 우리에게 필요한 것은 아무런 긴장도 없는 안락한 상태가 아니라, 스스로 선택한 가치 있는 목적을 위해 애쓰고 노력하는 것이다.

― 빅터 프랭클

촌철활인 | 한 치의 혀로 사람을 살린다

에너지는 역량과 목표 사이에 적당한 긴장감이 있을 때 생겨납니다. 이뤘다고 생각해 긴장의 끈을 놓으면 성장은 정체됩니다. 그 시간이 길어지면 퇴보하게 됩니다. 목표를 달성하면 바로 더 큰 목표를 설정해 긴장의 끈을 놓지 않도록 해야 합니다.(한근태, '나는 어떤 리더인가'에서)

백척의 장대 끝에서
한 걸음을 내딛는다

일정한 단계에 도달한 후에도 오히려 스스로 자만하지 않는 마음을 가져, 백척간두에서도 또 한 걸음 나아가고 태산의 정상에서도 다시 태산을 찾아, 바라고 또 바라기를 미처 보지 못한 듯이 하여 힘껏 노력하다가 죽은 후에야 그만두기를 목표로 삼아야 한다.

— 정조, '홍재전서'에서

촌철활인 | 한 치의 혀로 사람을 살린다

절체절명의 순간에 자신의 모든 것을 던져 과감하게 앞으로 나가려는 결심을 '백척간두진일보百尺竿頭進一步'라 하는데 이 말은 본디, 노력한 위에 한층 더 노력하는 마음가짐을 뜻한다 합니다. 즉, 열심히 노력하여 일정 단계에 오르더라도 만족해서 그만두거나 자만하지 않고, 죽을 때까지 힘써 이루어가야 한다는 뜻입니다. (박수밀·송원창 저, '새기고 싶은 명문장'에서)

2할 9푼 타자와 3할 타자의 차이

2할 9푼을 치는 타자와 3할 타자의 차이는 단순하다. 2할 9푼 타자는 4타수 2안타에 만족하지만 3할 타자는 여기에 만족하지 않고 4타수 3안타 또는 4타수 4안타를 치기 위해 타석에 들어선다.

– 장훈(일본 프로야구 사상 최초 3,000 안타 주인공)

촌철활인 | 한 치의 허로 사람을 살린다

하일성 야구 해설위원은 "1군 선수와 2군 선수의 차이는 패했을 때 나타난다. 2군 선수들은 패하고서도 웃으면서 운동장을 나서는 반면, 1군 선수들은 얼굴이 심각하게 굳어있다. 성적이 안 좋을 때 자기 자신에게 불같이 화를 낼 줄 아는 사람이 진정한 프로다."라고 말합니다. 2할 9푼과 3할 타자는 100번에 한 번 더 안타를 치느냐의 차이지만, 그들이 받는 대우는 엄청납니다.

전력투구하는 능력

어떤 사람이 사업에서 성공하고, 어떤 사람이 망하는 걸까? 학력이나 나이, 자본금 규모는 성공을 결정하는 요인이 아니다. 물론 그것들도 중요할 수 있지만, '전력투구하는 능력'에 비하면 아무것도 아니다. 가방 끈이 짧고 가진 돈이 없어도 인생을 바쳐 도전한다는 정신만 있다면 악조건을 딛고 일어설 수 있다. 반면 '이거 하다가 잘 안 되면 이렇게 해야지' 하는 식으로 안전판을 만들어 놓고 시작하는 사람은 100% 실패한다. 조금만 어려워져도 자기가 파 놓은 구멍 속으로 도망치는 것이다.

– 김영식(천호식품 회장)

촌철활인 | 한 치의 혀로 사람을 살린다

김영식 회장은 "그런 식으로 미지근하게 사업을 하다 망하는 사람은 대부분 학벌이 좋고 머리도 우수했다."라고 주장합니다. 사실 여부를 떠나 배수진을 치고 온 힘을 다해 승부를 거는 의지가 부족한 사람들이 성공할 가능성이 낮다는 것은 당연한 이야기입니다. 학벌, 자본금 등 외형적 조건보다는 의지가 중요하다는 말에 전적으로 동의합니다.

사람의 가능성을 꺾는 여섯 가지 요인

사람의 가능성을 꺾는 여섯 가지 요인은 다음과 같다. 첫째, 무의미하게 안정을 추구하는 마음, 둘째, 괴로운 일을 피하려는 태도, 셋째, 현재 상태를 유지하려는 마음, 넷째, 용기부족, 다섯째, 본능적 욕구의 억제, 여섯째, 의욕부족이 그것이다.

— 에이브러햄 매슬로우

촌철활인 | 한 치의 혀로 사람을 살린다

욕구 5단계설로 유명한 매슬로우의 주장이라 흥미롭습니다. 천재와 평범한 사람 사이에 잠재능력의 차이는 크지 않습니다. 문제는 그 잠재능력을 깰 수 있는 유전자가 깨어 있느냐 그렇지 않느냐의 차이입니다. 혹시 슬럼프를 겪고 있다면 위 여섯 가지가 문제가 원인은 아닌지 살펴보시고, 긍정의 스위치를 온on으로 돌려보시기 바랍니다.

의지가 굳은 사람에겐
방법이 따라온다

사람이 한번 굳게 결심하면 아무도 그를 막을 수 없다. 그런 사람을 불구자로 만들면 위대한 문인 월터 스콧(Walter Scott)이 된다. 감옥에 가두면 영국의 대 소설가 존 버니언(John Bunyan)이 된다. 눈 속에 파묻으면 미국 초대 대통령 조지 워싱턴이 되고, 가난한 가정에서 태어나게 하면 에이브러햄 링컨이 된다.

— 샘 T. 로버츠

촌철활인 | 한 치의 혀로 사람을 살린다

　계속되는 샘 로버츠 주장입니다. "기관차 차고 정비소에 데려다 놓으면 크라이슬러 자동차회사를 세운 월터 크라이슬러가 된다. 남아메리카 무명 오케스트라의 제 2 바이올린 주자로 만들면 명지휘자 아르투로 토스카니니 Arturo Toscanini가 되는 것이다." 의지가 있는 사람에게는 방법이 따라옵니다.

모 투자은행의 인재선발기준
- PSD 학위를 가진 사람들

진짜 우리가 찾는 사람들은 PSD 학위를 가진 사람들이다. PSD란 가난하지만 똑똑하고 부자가 되고자 하는 강한 열망(Poor, Smart and Deep desire to become rich)을 지닌 사람을 뜻한다.

– 앨런 C. 그린버그(투자은행 베어스턴스 회장)

촌철활인 | 한 치의 혀로 사람을 살린다

그린버그 회장은 PSD 학위(?)를 가진 사람들이야말로 오로지 신분의 수직상승과 성공이라는 꿈을 위해 자신의 모든 것을 걸고 올인한다는 믿음 때문에 좋은 학벌, 좋은 집안 출신보다 이들을 우선적으로 선발하고 있습니다. 굳이 사족을 붙이자면, 졸부猝富가 아닌 청부清富가 되려는 강한 열망의 소유자여야 한다는 생각입니다.

저게 저절로 붉어질 리는 없다

저게 저절로 붉어질 리는 없다
저 안에 태풍 몇 개
저 안에 천둥 몇 개
저 안에 벼락 몇 개

저게 저 혼자 둥글어질 리는 없다
저 안에 무서리 내리는 몇 밤
저 안에 땡볕 두어 달
저 안에 초승달 몇 날
– 장석주, '대추 한 알'

촌철활인 | 한 치의 혀로 사람을 살린다

　장석주 시인의 '대추 한 알'이라는 시입니다. 자그마한 대추 하나 영글어지게 하는 데 저렇게 많은 수고가 필요한데, 하물며 우리네 인생은 어떻겠습니까?

욕구의 결핍이 동기를 유발한다

유럽 양봉가 한 사람이 호주 어느 지방에 1년 내내 꽃이 피어있다는 소리를 듣고 꿀벌 통을 모두 배에 싣고 와서 꿀벌을 방사했다. 첫해에는 꿀을 좀 모았으나 이듬해부터는 벌통에 꿀이 모이지 않았다. 꿀벌들이 일을 하지 않았던 것이다. 일 년 내내 꽃이 피어 있으니 열심히 꿀을 모아 놓을 필요가 없었던 것이다. 이처럼 욕구의 결핍만이 일할 수 있는 모티베이션을 일으킨다.

― 임창희, '조직행동'에서

촌철활인 | 한 치의 혀로 사람을 살린다

우리들은 '이것만 있으면…' '조금 뛰어난 사람들만 있으면…' '자금이 조금만 더 풍족하다면…' '기술력만 충분하다면…' 다 될 것 같은 아쉬움과 기대를 가지고 늘 살아갑니다. 그러나 막상 그런 것이 갖춰진다고 해서 사정이 크게 달라지지 않은 것을 자주 목격하게 됩니다. 문제는 마음가짐입니다. 오히려 부족함이 있을 때 더 열심히 일하는 것은 인간도 마찬가지입니다.

1인치씩 밀리기 시작하면 끝장난다

적과 맞붙을 때 1인치씩 밀리기 시작하면 끝장난다. 인생이나 풋볼이나 모두 1인치 게임이다. 1인치들이 모여 승패를 바꾸고, 삶과 죽음을 갈라놓기 때문이다. 죽을 각오가 돼 있는 사람만이 1인치를 얻는다. 동료를 위해, 팀을 위해 희생할 때 1인치를 얻게 된다. 자, 어떻게 할 건가!

— 영화 '애니 기븐 선데이(Any given sunday)'

촌철활인 | 한 치의 혀로 사람을 살린다

작은 것이 쌓여 큰 것을 이룹니다. 역사상 위대한 업적들은 모두 자그마한 노력과 실천들이 합쳐져서 이뤄진 것들입니다. 큰 것을 이뤄가는 과정에서 작은 것을 무시하는 태도는 매우 위험합니다. 별 생각 없이 양보한 사소한 1인치가 성패를 가를 수도 있습니다.

천재의 노력

몸이 아파서 하루에 몇백 번이나 심한 고통을 느껴야 했다. 그러나 진짜 노동자처럼 이와 같이 괴로운 작업을 계속해 나갔다. 나는 소매를 걷어붙이고 이마에 땀을 흘리며, 비 오는 날이거나 바람 부는 날이거나, 눈이 내리거나 번개가 치는 속에서도 망치를 내리치는 대장장이처럼 글을 썼다.

— 귀스타브 플로베르(Gustave Flaubert)

촌철활인 | 한 치의 혀로 사람을 살린다

성공을 거둔 사람들은 운이 좋았다고 말합니다. 그러나 운은 우연이 아닌 필연적 결과입니다. 우연한 기회는 준비한 자에게만 찾아옵니다. 연습과 노력의 절대량이 많아질수록 운은 좋아지게 마련입니다. 성공과 운은 확실하게 기회를 붙잡는 능력을 연마하고 있는 사람에게 오는 필연입니다.

안주하려는 마음을 쫓아내기 위해…

나는 30층짜리 아파트도 계단을 이용해서 내려온다. 엘리베이터를 타면 편해서 그만두고 싶은 마음이 생길 수도 있기 때문이다. 그리고 좋은 과일을 맛보고 고르기 위해 술과 담배, 커피도 하지 않는다. 가게 문을 닫으면 유도장에 나가 파트너에게 매트에 꽂아 달라고 한다. 그러면서 자꾸 안주하려는 자신을 일으켜 세운다.

– 이영석(총각네 야채가게 사장)

촌철활인 | 한 치의 혀로 사람을 살린다

고등학생 시절 윤리 선생님께서 자신을 학대할 줄 아는 사람이 성공한다고 말씀해 주셨습니다. 당장의 안락함에 빠지지 않도록 늘 스스로 채찍질하라는 가르침이었습니다. 현재의 편안함에 익숙해질 때, 도끼자루는 자신도 모르게 썩어갑니다. 잘나갈 때 일수록 위기의식을 느끼는 편집광만이 지속적 성공을 거둘 수 있습니다.

모든 CEO에게 박수를 보냅니다

CEO로서 지난 10년을 절벽을 올라가는 등반가의 심정으로 살았다. 아래를 내려다보면 까마득하고 위를 올려다보면 구름에 가려 정상이 어디쯤인지 짐작도 할 수 없었다. 그런데도 힘이 빠지면 떨어져 죽는 수밖에 없어 한시도 긴장을 늦출 수 없었다. 매일 나에게 질문을 던졌다. '내가 이 조직에 적합한 사람인가?'

— 안철수(국회의원)

촌철활인 | 한 치의 혀로 사람을 살린다

모든 CEO들이 공감할 수 있는 내용이라 생각합니다. 전 세계적 무한경쟁이 현실화되고 있고, 직원과 고객의 눈높이는 하루가 다르게 올라가고 있습니다. 잠시만 한눈을 팔면 하루아침에 나락으로 떨어질 수 있는 것이 모든 경영자들이 매일매일 접하는 현실입니다. 대단한 의지 없으면 사업을 계속하는 것 자체가 힘든 분들도 많습니다. 모든 CEO들에게 힘찬 격려의 박수 보냅니다.

안 되면 천 번이라도,
기천(己千)정신의 실천

어떤 문제에 부딪치면 나는 미리 남보다 시간을 두세 곱절 더 투자할 각오를 한다. 그것이야말로 평범한 두뇌를 가진 내가 할 수 있는 최선의 방법이다.

– 안철수, 'CEO 안철수 영혼이 있는 승부'에서

촌철활인 | 한 치의 혀로 사람을 살린다

동양고전 대학大學에서 증자는 기천己千정신을 강조합니다. "남이 한 번 해서 잘하게 되면 자기는 백 번을 하고, 남이 열 번 해서 잘 하게 되면 자기는 천 번을 한다. 어떤 일에서라도 이 방법을 잘 해낸다면 아무리 우매한 자라도 반드시 총명해질 것이고 아무리 유약한 자라도 반드시 굳세어져서 일을 해낼 수 있을 것이다."라는 기천己千정신으로 무장한다면 이 세상에서 못 해낼 일은 없을 것입니다.

명품 탄생의 비결

최고를 원하고 나한테 절실하게 요구하면, 내 뇌와 몸이 거기에 호응해 엄청난 노력을 하게 된다. 어느 정도 만족스러운 결과를 수용하지 않고 버리면 뇌는 놀라울 정도로 끊임없이 새로운 아이디어를 내놓는다. 창의적 아이디어는 천재적인 번뜩임이 아닌 많이 치열하게, 그리고 절실하게 생각하는 데서 나온다.

– 박재동(화백)

촌철활인 | 한 치의 혀로 사람을 살린다

  혁신적 아이디어와 명품은 결코 쉽게 그 모습을 드러내지 않습니다. 보통 사람들이 생각할 수 없는 높은 수준의 목표와 기준을 설정하여, 뇌와 몸이 반응할 정도로 절실하게 생각하고, '이 정도면 됐어.'라는 유혹을 떨치고 계속해서 버리는 지난한 과정을 통해 비로소 명품이 탄생하게 됩니다.

동기부여와 50% 곡선

성공에 대한 확률이 거의 없을 때 동기유발도는 저조하다. 성공에 대한 확률이 50%에 가까울 때 동기유발은 증가하고, 마침내 성공에 대한 확률이 50%를 넘으면 동기유발은 떨어지기 시작한다.

— 데이비드 맥클리랜드(David McClelland) & 존 앳킨스(John Atkinson)

촌철활인 | 한 치의 혀로 사람을 살린다

일반적으로는 맞는 얘기입니다. 그러나 사람에 따라 다릅니다. 이명박 전 대통령은 "가능성이 희박할수록 성취감은 배가 된다. 내 눈에 가능성이 많아 보이면 다른 사람의 눈에도 마찬가지다. 불가능에 도전해야 하는 것이다."라고 말합니다.

포기하려는 다음 골목에
성공이 기다리고 있다

수천 걸음을 내디딘 후에도 효과가 없는 것으로 생각하여 포기할 수 있다. 그러나 성공은 바로 그 다음 길모퉁이에 숨어있는 것이다. 내가 그 모퉁이까지 한 발자국 더 가지 않는 한, 성공에 얼마나 가까이 왔는지 알 수 없다.

— 오그 만디노, '위대한 상인의 비밀'에서

촌철활인 | 한 치의 허로 사람을 살린다

"바꿔라, 그러나 바꾸지 마라 change it, but do not change it." 포르쉐의 디자인 철학입니다. 잘못된 것을 알았다면 과거 투자를 아까워하지 말고 과감히 포기해야 한다는 매몰원가 sunk cost라는 개념이 있습니다. 참 어렵습니다. 핵심은 포기해야 할 때와 포기하지 말아야 할 것을 정확하게 제대로 판단하는 데 있습니다.

좋은 경쟁

경쟁자의 존재는 잠재적 에너지 발산에 기여한다. 어린이들 둘씩 짝을 지어 낚싯줄을 감게 하는 실험 결과, 50%는 다른 경쟁자가 있을 때 더 신속하게 낚싯줄을 감아올렸다. 25%는 거의 영향을 받지 않았다. 나머지 25%는 낚싯줄을 헝클어뜨리고 실타래 놓치기를 반복하다 완전히 기진맥진해 포기를 선언했다.

— 트리플랫(Triplett, 스포츠 의학박사), '사람의 행동을 결정짓는 심리코드'에서

촌철활인 | 한 치의 혀로 사람을 살린다

경쟁의식 자체는 절대선도 절대악도 아닙니다. 경쟁심이 가져오는 긍정적 효과를 극대화하기 위해선, 조직 공통의 목표달성을 향한 경쟁을 유도하는 것, 내부 구성원들끼리의 경쟁이 아닌 외부 경쟁자와 경쟁하게 하는 방안 등을 활용할 수 있습니다. 조직 구성원들끼리 서로를 경쟁자로 생각해서 소모적 경쟁에 빠지는 것은 모두에게 해악을 끼치게 되므로 결코 좌시해서는 안됩니다.

PART 2

끝없는 노력과 연습

노력과 연습이 천재를 만든다

걸작은 긴 시간에 걸쳐 만들어진다

작은 일도 성실하게 하라

노력과 연습이
천재를 만든다

가진 것 없는
보통 사람이 성공하는 방법

두 배로 생각하라. 두 배로 노력하라. 그것이 가진 것 없는 보통 사람이 성공하는 비결이다.

– 인드라 누이(인도 출신 펩시콜라 회장)

촌철활인 | 한 치의 혀로 사람을 살린다

성공학의 대가 브라이언 트레이시도 같은 주장을 합니다. "위대한 경제적 성공은 아무도 거들떠보지 않는 작은 노력들이 수백 번, 수천 번 쌓여 이루어진 것이다. 부자가 되는 데에는 지름길이나 쉬운 길이 없다."

'노력'을 예찬하라

사나운 말도 잘 길들이면 명마가 되고, 품질이 나쁜 쇠붙이도 잘 다루면 훌륭한 그릇이 되듯이 사람도 마찬가지다. 타고난 천성이 좋지 않아도 열심히 노력하면 뛰어난 인물이 될 수 있다.

— 채근담

촌철활인 | 한 치의 혀로 사람을 살린다

끊임없이 떨어지는 작은 물방울이 돌에 구멍을 냅니다. 승리의 여신은 노력하는 사람을 사랑합니다. 인간의 끈질긴 노력만큼 무서운 것은 없습니다. 노력이 불가능을 가능으로 만듭니다.

내가 세계 정상에 오르게 된 비결

자기 세계를 인정받기 위해서는 피나는 연습을 해야 합니다. 제가 하루를 연습하지 않으면 제 자신이 알고, 이틀을 연습하지 않으면 친구가 알고, 사흘을 연습하지 않으면 관객이 압니다.

– 루빈스타인(세계적인 피아니스트), '최고가 된 이유'를 묻는 질문에 대한 답

촌철활인 | 한 치의 혀로 사람을 살린다

많은 직장인들은 '프로 선수들에게는 이 같은 연습이 당연하다.'고 생각합니다. 그러나 그 잣대를 자신에게는 적용시키지 않는 경우가 많습니다. 본인이 인식하든 인식하지 못하든 모든 직장인은 프로의 세계에 살고 있습니다. 나도 프로라는 자각 그리고 프로에게는 엄청난 노력과 탁월한 성과가 요구된다는 평범한 사실을 인식하는 것이 변화의 시발점이 될 것입니다.

뛰어난 사람일수록
더 많이 연습합니다

85세에 숨을 거두기 직전까지 4,000회 이상 콘서트에 출연했던 박하우스. 어느 날 연주가 끝난 후 한 음악잡지 기자가 물었다. "선생님, 연주를 하지 않을 때에는 주로 무슨 일을 하십니까?" 물끄러미 기자를 쳐다보던 박하우스(Wilhelm Backhaus)는 무슨 그런 이상한 질문도 다 있느냐는 표정으로 퉁명스럽게 대답했다. "연주하지 않을 땐 연습하지."

― 이재규, '무엇이 당신을 만드는가'에서

촌철활인 | 한 치의 혀로 사람을 살린다

'건반 위의 사자'라는 별명을 가진 엄숙한 얼굴의 박하우스의 집에는 아주 슬픈 모습의 광부 그림이 하나 걸려 있었습니다. 누군가 그것을 보고 "선생님, 왜 저런 그림을 걸어놓으셨습니까?"라고 물으면, 20세기 최고의 피아니스트 중 한 사람인 박하우스는 항상 이렇게 대답했다고 합니다. "그 그림은 내가 하는 일이 그가 하는 일보다 더 힘들지 않다는 것을 일깨워준다네."

타고난 재능은 인간이 만들어낸 허구

다른 사람들로부터 인정을 받기 위해서는 부단한 연습 이외에 다른 방법이 없습니다. 타고난 재능이란 인간이 만들어낸 허구에 불과합니다. 나는 슬럼프에 빠지면 더 많은 연습을 통해 정상을 되찾곤 합니다.

– 타이거 우즈

촌철활인 | 한 치의 혀로 사람을 살린다

일부 타고난 자질도 분명 있을 것입니다. 그러나 끝이 없는 노력과 정진을 통해 계발시키는 것에 비하면 타고난 소질은 미세한 먼지에 불과합니다. 인간은 스스로 자신을 만들어가는 존재라는 인식을 명확히 하는 것, 그것이 모든 자기계발의 시작점입니다.

조단이 타이거 우즈에게 해준 충고

모든 사람이 너에게 "너는 골프 천재다. 100년에 한 번 나올까 말까 한 사람이다."라고 찬사를 아끼지 않을 때 바로 연습장으로 달려가라. 달려가서 이전보다 더 훈련에 열중하라!

– 마이클 조단이 타이거 우즈에게

촌철활인 | 한 치의 혀로 사람을 살린다

제아무리 뛰어난 사람이나 기업도 잠시 연습을 게을리하게 되면 바로 뒤쳐집니다. 매주 1%씩 개선한다면 5년 안에 14배라는 경이로운 향상 효과를 얻을 수 있습니다. 끊임없이 조금씩 조금씩 개선시켜 나가는 자세가 어느 때보다 필요한 때 입니다.

기회는 준비하는 자에게 찾아온다

과학적인 발견이 우연한 기회에 이루어졌다면 이러한 우연한 기회는 평소 자질을 갖춘 사람, 독립적인 사고를 하는 사람 그리고 중도에 포기하지 않고 끝까지 노력하는 사람에게 찾아온다. 게으른 사람에게 우연한 기회란 없다.

– 화뤄겅(중국 수학자)

촌철활인 | 한 치의 혀로 사람을 살린다

운이 좋기로 유명한 골퍼 게리 플레이어는 "희한하게도 연습할수록 운이 좋아졌습니다."라고 말한 바 있습니다. 석유왕 존 폴 게티는 "나의 성공 비결은 일찍 일어나 늦게까지 일하다가 우연히 석유를 발견한 것뿐이다."라고 말합니다. 성공과 운은 확실하게 기회를 붙잡는 능력을 연마하고 있는 사람에게 오는 필연입니다.

행운의 여신은
늘 근면한 사람 곁에 있다

흔히 행운의 여신은 눈이 멀었다고 불평하지만, 인간만큼 눈이 멀지는 않았다. 실생활을 자세히 살펴보면 바람과 파도가 유능한 항해사의 편이듯 행운의 여신은 언제나 근면한 사람 곁에 있다.

– 새뮤얼 스마일스

촌철활인 | 한 치의 혀로 사람을 살린다

 게리 플레이어는 "연습을 많이 할수록 더욱 운 좋은 사람이 된다."라고 말했습니다. 초현실주의 화가 달리 역시 "결론을 이끌어낼 수 있는 마음의 준비가 된 사람, 가장 끈질기게 그 주제에 대해 매달릴 수 있는 사람에게만 행운이 의미를 지닌다."라고 끈기와 근면의 중요성을 강조한 바 있습니다.

베토벤이 좋아했던 격언

어느 날 모셸레스가 베토벤에게 오페라 '피델리오'의 피아노 악보를 건넸다. 악보 한 귀퉁이에 "신의 가호로 무사히 연주를 마칠 수 있길!"이라는 글귀가 적혀있었다. 베토벤은 즉시 연필을 들어 그 글귀 아래 다음 글을 써 넣었다. "신의 가호가 다 무엇이냐? 자신이 자신을 돕는 것이다."

— 박종평, '그는 어떻게 이순신이 되었나'에서

촌철활인 | 한 치의 혀로 사람을 살린다

"강한 의지에 불타는, 유능하고 근면한 사람에게 '여기서 정지'라는 벽은 없다." 베토벤이 좋아했던 격언입니다. 마키아벨리는 "운명은 삶의 절반만 관여하고, 나머지 절반은 삶의 주인에게 맡겨져 있다."라고 말했습니다. 내 인생은 내가 만들어 가는 것입니다.

연습이 천재를 만든다

재능은 식탁에서 쓰는 소금보다 흔하다. 재능 있는 사람과 성공한 사람을 구분 짓는 기준은 오로지 엄청난 노력뿐이다. 타고난 재능을 가지고 있다는 것은 출발선에서 조금 앞에 섰다는 의미에 불과하다.

— 스티븐 킹

촌철활인 | 한 치의 혀로 사람을 살린다

미켈란젤로는 "사람들은 저를 천재라고 부릅니다. 하지만 평소 제가 얼마나 연습하고 훈련하는지 곁에서 지켜본다면 저를 천재라고 부르지 못할 것입니다."라고 말했습니다. 연습이 천재를 만듭니다. 창의력 역시 연습의 산물입니다.

뛰어난 사람이 더 많이 연습한다

피아노 건반을 두드리는 것보다 더 지루한 일은 없다. 그러나 명성을 날리고 연주 활동이 많은 피아니스트일수록 더욱 더 열심히, 시간이 날 때 마다 매일 매일 한 주도 빠지지 않고 연습하지 않으면 안 된다. 마찬가지로 유능한 외과의사일수록 더 충실하게, 틈나는 대로, 매일 그리고 매주, 봉합술을 연습해야 한다.

– 피터 드러커

촌철활인 | 한 치의 혀로 사람을 살린다

골프 황제 타이거 우즈는 메이저 대회에서 우승하던 날 바로 연습장으로 달려가는 것으로 유명합니다. 경영자를 포함한 조직의 리더들이 가장 많이 공부해야 한다고 생각하고, 실제로 그렇게 하고 있다고 믿고 있습니다. 부동산 재벌 도널드 트럼프는 일주일에 순수하게 28시간을 독서에 투자한다고 합니다.

연습을 많이 하면 운은 좋아진다

경영대학원의 전문가들은 운을 깎아내리는 경향이 있는데, 내 말을 믿어라. 비즈니스에서 운은 필수다. 그러나 한 가지 주의할 점이 있다. 운은 준비한 자를 좋아한다. 남아프리카 공화국의 골프대가 게리 플레이어(Gary Player)는 "연습을 많이 할수록 운이 좋아진다."라고 말했다.

— 리차드 브랜슨(버진그룹 회장)

촌철활인 | 한 치의 혀로 사람을 살린다

국가대표 골키퍼 정성룡의 미니 홈피에는 '연습에 장사없다.' '죽을 만큼 노력하자.' '불안하면 연습하라.' 같은 스스로 연습을 독려하는 글이 많이 걸려있다 합니다. "재능 있는 이들의 경력을 관찰하면 할수록 타고난 재능의 역할은 줄어들고 연습이 하는 역할은 커진다." 심리학자들의 연구결과입니다. 연습을 많이 하면 운이 좋아지는 것은 쉽게 발견할 수 있는 자연법칙이라 할 수 있습니다.

실력은 명사가 아니라 동사이다

실력은 명사가 아니라 동사다. 계속 갈고 닦지 않으면 금방 녹이 슨다. 그래서 실력은 언제나 진행형이다. 지금 실력이 없다고 의기소침할 필요가 없다. 세상은 얼마 되지 않는 재주와 기교로 요리조리 머리를 굴리는 사람보다 작은 실천 속에서 장애물을 넘기 위해 애쓰는 사람에게 길을 내준다.

– 유영만, '청춘경영'에서

촌철활인 | 한 치의 혀로 사람을 살린다

전 세계 인구의 0.2%에 불과하지만 노벨상 수상자의 30~40%를 차지하는 유태인들은 우리가 그토록 중요하게 생각하는 과거의 학벌이나 학력學歷보다, 배우려는 의지와 노력, 즉 학력學力을 더 중시합니다. "지금의 당신과 5년 뒤의 당신의 차이는 그 기간 동안 만나는 사람들과 읽는 책들에 달려있습니다."(찰리 트리멘더스 존스) 평생 동안 즐겁게 학습하는 것은 행복한 삶, 성공적인 인생과 매우 긴밀한 상관관계가 있습니다.

부지런함이 천재를 만든다

내가 아는 한 책이든 문학 작품이든 예술 작품이든 어느 것 하나도 창조자의 고뇌 없이 세계적 명성을 얻은 것은 없다. 부지런함이 천재를 만든다. 그러므로 천재가 되려면 반드시 부지런해야 한다.

- 해리엇 비처 스토('톰아저씨의 오두막'을 쓴 미국 여류작가)

촌철활인 | 한 치의 혀로 사람을 살린다

결국 재능은 특별한 무엇이 아니라 평소의 생활에서 발휘하는 '지속적인 집중력'의 결과입니다. 지속적으로 집중할 수 있기 위해서는 그 일을 좋아해야 합니다. 자기가 하는 일을 사랑하는 것, 그리고 그것을 끝없이 반복함으로써 투입의 양量이 질質로 바뀌는 순간 천재가 태어납니다.

행운은 눈이 멀지 않았다

행운은 눈이 멀지 않았다. 따라서 부지런하고 성실한 사람을 찾아간다. 앉아서 기다리는 사람에게는 영원히 찾아오지 않는다. 걷는 사람만이 앞으로 나아갈 수 있다. 노력하는 사람에게 행운이 찾아온다.

― 클레망소

촌철활인 | 한 치의 혀로 사람을 살린다

탈무드에 나오는 행운 이야기 함께 감상해보세요. "원하는 것도 인생의 목적도 없는 사람들에게 행복한 일은 일어나지 않는다. 행운은 그들에게서 아무 의도도 발견할 수 없기에 그들 곁을 지나쳐 버린다."

집중은 버티는 능력이다

베스트셀러 작가 브라이스 코트니는 작가 지망생으로부터 "위대한 작가가 되는 비결은 무엇인가요?"라는 질문을 받고 이렇게 대답했다. "의자에 궁둥이를 딱 붙이는 겁니다. 제대로 써질 때까지 다른 무엇에도 눈 돌리지 말고 앉아있어야 합니다."

— 샘 혼, '집중력 마법을 부리다'에서

촌철활인 | 한 치의 혀로 사람을 살린다

적지 않은 위대한 작가들이 비슷한 이야기를 합니다. "꾸준한 노력과 관심으로 얻지 못할 것은 없습니다."(세네카) "인간은 의식적인 노력으로 삶을 향상시킬 능력을 지녔습니다."(헨리 데이비드 소로) 우리에게 큰 용기를 주는 사실입니다.

성공과 운의 상관관계

20살 전에 거두는 성과는 100% 근면함으로 얻어지는 것이다. 20살에서 30살까지는 작으나마 기초가 있기 때문에 성공의 10%는 운으로, 90%는 노력으로 얻어진다. 그 이후에는 기회 혹은 운의 비중이 점점 커진다.

– 리카싱(청쿵그룹 회장)

촌철활인 | 한 치의 혀로 사람을 살린다

리카싱 회장은 말합니다. "알 수 없는 미래에 두려움을 느낀 저는 일을 애인처럼 여기려고 했습니다. 애인을 행복하게 해주려고 모든 정열을 쏟았고, 애인이 사랑스러운 웃음으로 화답해 주었을 때는 정말 행복했습니다." 리카싱 회장의 말에서, 결국 자신의 노력으로 성취의 가능성을 높이되, 그것을 운으로 돌릴 수 있는 인격을 갖추고 있어야 한다는 나름의 결론을 내려 봅니다.

천재는 노력하는 사람을 이길 수 없다

어떤 사람은 1시간을 한 뒤에도 열심히 했다고 생각한다. 내가 말하는 건 우리 학교, 서울에서, 한국에서, 아시아에서, 세계에서 나보다 열심히 하는 사람이 없다는 느낌이 들 정도로 열심히 하라는 말이다. 천재는 노력하는 사람을 이길 수 없고, 노력하는 사람은 즐기는 사람을 이길 수 없다.

— 이영표, 유소년 축구선수에게 당부하고 싶은 말

촌철활인 | 한 치의 혀로 사람을 살린다

요즘에는 워크 하드 work hard보다는 워크 스마트 work smart가 강조되고 있습니다. 그만큼 워크 하드, 즉 열심히 일하는 것의 가치가 저평가되고 있는 실정입니다. 그러나 워크 스마트는 오랫동안의 워크 하드의 결실에 다름 아닙니다. 에디슨의 명언처럼 "천재는 99%의 노력과 1%의 영감으로 이루어지며 천재는 노력하는 사람의 별명"입니다. 꾸준한 노력이 사람을 천재로 만들고, 또 승리자로 만듭니다.

좋은 운, 나쁜 운

사람은 누구나 나쁜 운과 좋은 운을 동시에 가지고 있다. 운이란 시간을 말하는 것인데 하루 24시간, 1년 사계절 중에서 즐겁게 일할 수 있는 시간이 좋은 운이다. 이것을 놓치지 않고 열심히 일하는 사람에게는 나쁜 운이 들어올 틈이 없다.

— 정주영, '91년 광주MBC 시민교양강좌'에서

촌철활인 | 한 치의 혀로 사람을 살린다

선배 세대들은 40년 만에 GNP 60달러에서 2만 달러를 훨씬 넘기는 기적을 만들었습니다. 그때의 무기가 '할 수 있다는 자신감, 전 세계인이 놀란 근면성, 배움에 대한 강렬한 의지' 등이었습니다. 우리 세대는 무엇을 무기로 세계 1등 국가로 발돋움할 수 있을까요? 미래는 승리를 가장 원하는 자의 것이 됩니다. 불평보다는 먼저 실천함으로써 우리의 운을 스스로 개척해 나갈 수 있기를 희망합니다.

노력은 수단이 아니라
그 자체가 목적이다

노력은 수단이 아니라 그 자체가 목적이다. 노력하는 것 자체에 보람을 느낀다면 누구든지 인생의 마지막 시점에서 미소를 지을 수 있을 것이다.

– 톨스토이

촌철활인 | 한 치의 혀로 사람을 살린다

　일도 그렇고 공부도 그렇습니다. 일과 학습을 통해 목적하는 바를 이룰 수 있다는 점에서는 수단에 틀림없습니다. 그러나 이를 단순히 수단으로만 생각하지 않고 그 자체에 몰입하여 즐길 수 있다면 그 과정에서 큰 행복을 얻을 수 있고, 결과는 더욱 풍성해질 것입니다.

노력하는 사람에겐 운이 달라붙는다

운이 좋아 성공한 사람의 뒤를 살펴보라. 그 사람은 틀림없이 노력한 흔적이 있다. 운이 없는 사람과는 뭐가 달라도 다르다. 노력하는 사람에게는 운이 착착 달라붙는다. 그리고 운은 행동에서 나온다. 나는 말해 주고 싶다. 운은 하늘에서 떨어지는 것이 아니라 발뒤꿈치에서 솟아오르는 것이라고….

– 김영식(천호식품 회장)

촌철활인 | 한 치의 혀로 사람을 살린다

하룻밤 사이의 성공은 없습니다. 결과가 당장 안 나와도 긍정적 사고와 불굴의 의지, 끈기와 오기, 남다른 열정과 노력으로 버티면 언젠가는 성공의 길에 도달하게 됩니다. 사람들은 그것을 행운이라고 부릅니다.

내가 하루도 쉬지 않는 이유

"훈련이 계속되고 몸이 피곤해지면 '하루쯤 쉬면 안 될까' 하는 생각이 들곤 한다. 하지만 하루를 쉬면 그만큼 다음 날 해야 하는 훈련 양이 많아진다. 미리 준비하지 않으면 기회는 다가오지 않는 법이다. 그것이 내가 하루도 쉴 수 없는 이유다.

— 박지성, '멈추지 않는 도전'에서

촌철활인 | 한 치의 혀로 사람을 살린다

위대한 사람은 많은 사람들이 밤에 단잠을 잘 적에 일어나서 괴로움을 이기고 일에 몰두했던 사람들입니다. 이어지는 박지성의 글입니다. "언젠가는 그들도 한 번쯤 쉴 것이고 그때 내가 쉬지 않고 나아간다면 차이는 조금이라도 줄어들 것이다. 중요한 것은 내가 쉬지 않고 뛰고 있다는 것이지 그들이 내 앞에 있다는 사실이 아니었다."

땀만이 꿈으로 가는 계단으로 이끈다

매일 정신이 아득할 정도로 많은 시간을 연습에 쏟고 나면 이상한 능력이 생긴다. 다른 선수들에게는 없는 능력이 생긴다. 예를 들면 투수가 공을 던지기 전부터 그 공이 커브냐, 직구냐를 알 수 있게 된다. 그리고 날아오는 공이 수박덩어리처럼 크게 보이게 된다.

— 행크 아론(메이저리그에서 유명했던 홈런타자)

촌철활인 | 한 치의 혀로 사람을 살린다

꿈을 이룬 사람과 그렇지 않은 사람들 간에는 정신력, 믿음, 의지, 노력 등에서 많은 차이가 있습니다. 그중에서 가장 큰 차이는 꿈을 위해 흘리는 땀의 양입니다. 한마디로 삶이 곧 땀인 사람들이 꿈을 이루게 됩니다. ('18시간 몰입의 법칙'에서)

승리의 여신은 노력을 사랑한다

떨어지는 물방울이 돌에 구멍을 낸다. 승리의 여신은 노력을 사랑한다. 어제의 불가능이 오늘의 가능성이 되며, 전 세기의 공상이 오늘의 현실로써 우리들의 눈앞에 출현하고 있다. 실로 무서운 것은 인간의 노력이다. 명예는 정직한 노력에 있음을 명심하자.

— M. 마르코니

촌철활인 | 한 치의 혀로 사람을 살린다

"천재는 열심히 했다고 말하고 범재는 그에게 타고난 천재라고 말합니다. 오랫동안 열심히 노력한 사람들은 운이 좋았을 뿐이라고 말하고 대충 일한 사람들은 운이 나빴을 뿐이라고 말합니다." (김종춘, '내 인생을 바꾸는 10초'에서)

프로선수와 직장인의 차이

프로 운동선수들은 자기 시간 중 20%를 시합에, 80%를 훈련에 투자한다. 한 조사에 의하면 대부분의 직장인들은 자기 시간의 99%를 일에, 1%를 자기계발에 투자한다. 운동선수로 치자면 거의 연습도 하지 않고, 시합에 임하는 것과 마찬가지다.

— 혼다 나오유키, '레버리지 씽킹'에서

촌철활인 | 한 치의 혀로 사람을 살린다

시합에 이기려면 연습을 해야 합니다. 독서와 자기계발을 하지 않고 일만 하는 사람은 연습을 하지 않고 시합에 나가는 운동선수와 같습니다. 경영사상가 톰 피터스는 "비즈니스맨이 훈련에 게으른 것은 망신스러운 일이다. 하지만 더 중요한 것은 조만간 남에게 따라잡히게 된다는 사실이다."라고 경고합니다.

근육이 생성되는 원리

근육은 강한 자극을 받으면 이를 견뎌내기 위해서 저항하게 된다. 이 과정에서 근섬유에 상처가 생기게 되고, 근육은 이렇게 생긴 상처를 치료하기 위해서 특유의 재생력을 발휘한다. 이 복구의 과정에서 통증이 발생하는데, 이것이 바로 근육통이다. 일종의 성장통이다. 결국 우리가 꿈꾸는 아름다운 근육은 감당하기 어려운 자극 때문에 생긴 상처를 치유하며 생긴 일종의 흉터인 셈이다.

– 신종윤(구본형 변화연구소), '레터'에서

촌철활인 | 한 치의 혀로 사람을 살린다

우리의 마음이 자라는 방법도 이와 같습니다. 매번 감당할 수 있는 만만한 자극만으로는 성장을 기대할 수 없습니다. 뻐근하게 통증이 느껴질 정도로 자극을 가해야만 이를 견뎌낼 수 있도록 마음의 근육이 자라납니다. 통증 없이는 성장도 없습니다.

인내와 결단력만이 무엇이든 이룰 수 있다

세상에 인내 없이 이룰 수 있는 일은 아무것도 없다. 재능으로는 안 된다. 위대한 재능을 가지고도 성공하지 못한 사람은 많다. 천재성으로도 안 된다. 성공하지 못한 천재는 웃음거리만 될 뿐이다. 교육으로도 안 된다. 세상은 교육받은 낙오자로 넘치고 있다. 오직 인내와 결단력만이 무엇이든 이룰 수 있다.

– 캘빈 쿨리지, 맥도날드 창업회장 레이 크록의 사무실에 걸린 글 중에서

촌철활인 | 한 치의 혀로 사람을 살린다

레이 크록 회장은 자신이 좋아하는 이 메시지를 맥도날드 모든 중역실에 걸어서 방문자 모두가 볼 수 있게 만들었습니다. 혹시 뭔가 잘 안된다면 자신이 천재가 아니라고, 교육을 적게 받았다고 자책할 것이 아니라, 인내와 결단력이 부족한 것은 아닌지 돌아보아야겠습니다.

부족함은 포기의 이유가 아니라, 성공의 원인이다

나는 머리가 나쁘고 공부를 못해서, 그리고 가난했기 때문에 평생 동안 남보다 더 열심히 노력하기로 결심했고, 항상 낮은 자세로 남을 섬기는 삶을 살아왔다. 나에게는 부족함이 포기와 절망의 이유가 아니라, 도전과 성공의 원천이 되었다.

— 최병오(패션그룹 형지 회장)

촌철활인 | 한 치의 혀로 사람을 살린다

기아자동차 8년 연속 판매왕 정송주 부장은 "고졸 학력이 오히려 기회가 되었다. 인맥이나 학력의 부족함을 인정하고 2배, 3배 노력했더니 오히려 대졸사원 보다 더 큰 성과를 조기에 거둘 수 있었다."라고 말합니다. 생각하기에 따라 부족함은 절망이 아닌 희망의 원천이 될 수 있습니다.

커리어 건축가가 아닌 조각가가 되라

당신 자신을 커리어 건축가가 아니라 커리어 조각가로 생각하라. 그렇다면 당연히 망치질에, 조각칼 새김질에, 표면을 깍고 문질러 윤을 내는 힘겨운 일을 예상할 수 있을 것이다.

– B. C 포브스(포브스 창간인)

촌철활인 | 한 치의 혀로 사람을 살린다

제아무리 훌륭한 계획이라 하더라도, 계획과 결심만으로 완성되는 일은 없습니다. 우리는 화려한 무대에만 주목할 뿐, 무대 뒤에 있는 땀과 노력, 고통은 애써 무시하는 경향이 있습니다. 무대가 화려할수록 그 뒤에는 오랜 시간에 걸친 더 많은 땀과 희생, 고통이 함께함을 알아야합니다.

어제의 나와 경쟁한다

나의 유일한 경쟁자는 어제의 나다. 눈을 뜨면 어제 살았던 삶보다 더 가슴 벅차고 열정적인 하루를 살려고 노력한다. 연습실에 들어서며 어제 한 연습보다 더 강도 높은 연습을 한 번, 1분이라도 더 하기로 마음먹는다. 어제를 넘어선 오늘을 사는 것, 이것이 내 삶의 모토다.

– 강수진, '나는 내일을 기다리지 않는다'에서

촌철활인 | 한 치의 혀로 사람을 살린다

자기 자신과 경쟁하는 사람은 다른 사람을 시기할 시간도, 다른 사람과 비교해서 자괴감에 빠지거나 자책할 시간도 없습니다. 남이 아닌 어제의 자신과 경쟁할 때 승자와 패자가 나뉘지 않고 모두가 행복한 성공의 길로 들어설 수 있습니다.

나에게 주어진 일은
신이 주신 최고의 선물

조금만 더 자고, 조금만 더 졸고, 조금만 더 손을 모으고 쉬려는 이에게는 가난이 강도처럼 갑자기 밀어닥치고 빈곤이 군사처럼 몰려올 것이다.

— 잠언

촌철활인 | 한 치의 혀로 사람을 살린다

"사람은 일하기 위해서 이 세상에 태어난 것입니다. 모든 사람은 자기 능력에 따라 하고 싶었던 일을 할 때가 가장 빛이 납니다. 자기가 하고 있는 일에 사랑과 신념을 가지지 못하는 사람은 불행한 사람입니다."(토마스 칼라일) "나에게 주어진 일은 신이 주신 최고의 선물입니다. 근면하게 일하는 것, 그게 바로 인생 수행입니다."(제업즉수행 諸業卽修行)

뛰어난 사람이 되는 두 가지 방법

뛰어난 사람이 되는 데에는 두 가지 방법이 있다. 하나는 큰일을 맡는 것으로, 원하면 종이 울리기 전에 집에 갈 수 있다. 다른 하나는 해야 할 일을 많이 찾는 것으로, 다른 사람이 퇴근한 후에도 남아있어야 한다. 전자를 택한 자는 한때 후자를 기회로 삼았기에 가능했다.

— 헨리 포드(양보석 저, '꿀독'에서)

촌철활인 | 한 치의 허로 사람을 살린다

　등산을 하는 사람 중에 정상부터 시작하는 사람은 단 한 사람도 없습니다. 처음부터 큰일만 할 수도 없고, 그렇게 되는 것도 위험한 일입니다. 내가 우주선을 보내고 있다는 생각으로 청소를 하는 미국 나사NASA의 청소부처럼, 비록 하찮아 보이는 허드렛일이라 하더라도 주인의식을 가지고, 남이 시키기 전에 먼저 일을 찾아서 하는 사람들이 결국은 정상의 자리에 올라 큰일을 하게 됩니다.

경영자가 될 가능성이 높은 사람

스스로 어떤 일을 해보고 싶어 하는 사람은 경영자가 될 가능성이 있다. 그것을 해내는 사람은 더욱 경영자가 될 가능성이 있다. 반대로 가장 쓸모없는 사람은 새로운 일에 항상 반대하면서 도전하지 않는 사람이다. 그런 사람은 흔히 그 일이 실패하게 되면 "내가 뭐라고 했냐?" 하면서 비판만 한다.

– 야무구치 노부오(일본 아사히 화성 회장)

촌철활인 | 한 치의 혀로 사람을 살린다

될성부른 나무는 떡잎을 보면 압니다. 신입사원은 1년이 지나면 어느 정도까지 성장해 나갈지 판가름 납니다. 문제는 능력이 아니라 태도와 자세, 그리고 행동 습관입니다. 이것만 제대로 갖춘다면, 1인치 1인치씩 발전해 나가게 되어 언젠가는 큰 꿈을 이루게 됩니다. 초기의 조그만 태도와 자세 차이가 시간이 흐르면 엄청난 결과의 차이를 가져온다는 것을 잊어선 안 됩니다.

걸작은
긴 시간에 걸쳐 만들어진다

성공의 비결은?

성공의 비결은 남들이 잘 때 공부하고, 남들이 빈둥거릴 때 일하며, 남들이 놀 때 준비하고, 남들이 그저 바라기만 할 때 꿈을 갖는 것이다.

– 윌리엄 A. 워드

촌철활인 | 한 치의 혀로 사람을 살린다

창작 활동의 비결이 뭐냐는 질문에 헤밍웨이는 "여하튼 매일 정해진 시간에 책상에 앉는 것이다."라고 말했습니다. 성공의 첩경은 매일매일 꾸준하게 올바른 일을 해나가는 데 있습니다. 그것이 남들에게는 어느 날 갑자기 성공한 것으로 보이는 것뿐입니다.

지루한 반복이
오늘의 나를 만들었다

　나의 일상은 지극히 단조로운 날들의 반복이었다. 잠자고 일어나서 밥 먹고 연습, 자고 일어나서 밥 먹고 다시 연습. 어찌 보면 수행자와 같은 하루하루를 불태웠을 뿐이다. 조금 불을 붙이다 마는 것이 아니라 재까지 한 톨 남지 않도록 태우고 또 태웠다. 그런 매일 매일의 지루한, 그러면서도 지독하게 치열했던 하루의 반복이 지금의 나를 만들었다.

– 강수진, '나는 내일을 기다리지 않는다'에서

촌철활인 | 한 치의 혀로 사람을 살린다

　세계적 발레리나 강수진은 자신이 생각하는 가장 큰 업적, 가장 듣고 싶은 찬사는 "보잘 것 없어 보이는 하루하루를 반복하여 대단한 하루를 만들어 낸 사람"이라고 합니다. 지극히 규칙적이고 지루한 반복적 일상이 위대함을 만듭니다.

큰 뜻을 품고
우보만리(牛步萬里)로 걸어가라

오, 인간이여. 그대가 약하든 강하든 쉬지 마라. 혼자만의 고투를 멈추지 마라, 계속하라. 쉬지 말고. 세상은 어두워질 것이고 그대는 불을 밝혀야 하리라. 그대는 어둠을 몰아내야 하리라. 오, 인간이여. 생이 그대를 저버려도 멈추지 마라.

– 마하트마 간디

촌철활인 | 한 치의 혀로 사람을 살린다

 수많은 역경을 뚫고 노벨상 2관왕에 빛나는 퀴리부인도 다음과 같이 '멈추지 말고 정진하라'고 강조합니다. "일단 일에 참여하면 목표로 한 모든 것을 성취할 때까지 손을 떼지 마라. 우리는 무엇이든 재능을 가지고 있다는 것 그리고 무엇인가 어떠한 희생을 치를지라도 도달해야 할 목표가 존재한다는 사실을 명심해야 한다."

워렌 버핏의 투자론

전 11살 때 주식을 시작했습니다. 돈을 모으는 것은 눈덩이를 아래로 굴리는 것과 비슷한 면이 있습니다. 눈을 굴릴 때는 높은 언덕 위에서 하는 것이 중요합니다. 전 56년짜리 언덕에서 굴렸습니다.

— 워렌 버핏

촌철활인 | 한 치의 혀로 사람을 살린다

너무 서두르지 말아야 하고, 올바른 방향으로 오랫동안 지속하는 것이 무엇보다 중요합니다. 단기적 이익과 장기적 이익이 충돌할 때 장기적 관점에서 선택하는 사람들이 인생이라는 장기 레이스 성공할 확률이 높습니다. 가치가 있지만 저 평가된 기업을 발굴하여 이 기업이 가치를 발휘할 때까지 주식을 장기간 보유한다는 버핏의 투자 원칙은 매우 평범합니다. 그러나 오랜 기간에 걸쳐 유혹을 이겨내는 지난한 과정임에 틀림없습니다.

갈수록 연습할 게 더 많아져요

국가대표 육상 선수나 피아니스트 혹은 배우도 좋다. 그들에게 연습을 쉬어도 되겠다고 느낀 적이 한순간이라도 있는지 물어보라. 아마 자기 분야에서 인정받는 사람일수록 이렇게 말할 것이다. "갈수록 연습할 게 더 많아져요."

— 에릭 버터워스(목사)

촌철활인 | 한 치의 혀로 사람을 살린다

로버트 브라우닝의 말씀도 새겨볼 만합니다. "위대한 사람은 단번에 그와 같이 높은 곳에 뛰어오르는 게 아니다. 다른 사람들이 잘 시간에 그는 일어나서 괴로움을 이기고 일에 몰두했던 것이다. 인생은 자고 쉬는 데 있는 것이 아니라 한 걸음 한 걸음 걸어가는 데 있다."

승리는 끈기 있는 사람에게 주어지는 신의 선물

강한 리더가 끝까지 가는 것이 아니라 끝까지 가는 사람이 성공한 리더다. 끈기를 대신할 수 있는 것은 없다. 재능도 끈기를 대신하지 못한다. 모든 것을 다 잃어도 열정만큼은 잃지 말라. 승리는 가장 끈기 있는 사람에게 주어지는 신의 선물이다.

– 강주영(SR개발 회장)

촌철활인 | 한 치의 혀로 사람을 살린다

"자신이 이루고자 하는 일이 시련과 역경에 부딪쳐 그르치게 되면 보통 사람들은 절망하게 된다. 그러나 이것은 시련이지 실패가 아니다. 내가 실패라고 생각하지 않는 한 이것은 실패가 아니다. 나는 생명이 있는 한 실패는 없다고 생각한다. 내가 살아 있고 건강한 한 나한테 시련은 있을지언정 실패는 없다." 정주영 회장의 '시련은 있어도 실패는 없다'에 나오는 글입니다.

그들은 나를 천재라고 부른다

19세기 스페인의 가장 위대한 바이올리니스트 사라사테(Sara sate)에 대한 이야기다. 사라사테에게 한 유명한 비평가가 '천재'라고 칭한 적이 있었다. 그것에 대해 사라사테는 이렇게 답했다. "천재? 37년간 하루도 빠짐없이 14시간씩 연습했는데, 그들은 나를 천재라고 부른다."

— '존 맥스웰의 성공이야기'에서

촌철활인 | 한 치의 혀로 사람을 살린다

성공한 사람들이 도달한 높은 고지는 경쟁자들이 밤에 잠을 자는 동안 한 발짝 한 발짝 기어오른 것입니다. 20~30년을 흔들리지 않고 꾸준히 노력한다면 누구나 천재가 될 수 있고, 누구나 성공할 수 있습니다.

언제 배움을 멈출 것인가?

"카잘스 선생님, 당신은 이미 세상에서 가장 위대한 첼리스트로 인정받고 있습니다. 그런데 95세 나이임에도 아직까지 하루에 여섯 시간씩 연습하는 이유가 무엇입니까?" 스페인 태생으로 첼로의 성자(聖子)로 불렸던 파블로 카잘스에게 젊은 신문기자가 물었다. 그는 머뭇거리지 않고 이렇게 대답했다. "왜냐하면 내 연주실력이 아직도 조금씩 향상되고 있기 때문이오."

― 현대인재개발원, '체어퍼슨 뉴스레터'에서

촌철활인 | 한 치의 혀로 사람을 살린다

많은 예술가들이 '하루 연습하지 않으면 자기가 알고, 이틀 연습하지 않으면 동료가 알고, 사흘 연습하지 않으면 청중이 안다.'는 각오로 연습에 열중합니다. 일찍이 이병철 회장도 "사람은 늙어서 죽는 것이 아니다. 스스로 닦아 나가기를 멈출 때 죽음이 시작되는 것"이라고 말한 바 있습니다.

성장에는 시간이 걸린다

호박과 토마토는 몇 주 만에 자라 며칠, 몇 주 동안 열매가 열리지만 첫 서리가 내리면 이내 죽어버린다. 반면 나무는 서서히 몇 년, 몇 십 년, 몇 백 년까지 자라고 열매도 수십 년 동안 맺는다. 건강하기만 하면 서리나 태풍, 가뭄에도 끄떡없다.

— 존 맥스웰, '사람은 무엇으로 성장하는가'에서

촌철활인 | 한 치의 혀로 사람을 살린다

빨리 자라면, 빨리 생을 마감하게 되는 것이 자연의 법칙입니다. 인생에서 중요한 일은 대개 예상보다 시간도 많이 걸리고 비용도 많이 듭니다. 일이 생각만큼 잘 안된다면 천천히 자랄수록 더 튼튼하게 자라는 거라 믿고 낙심하는 대신 기다릴 줄 아는 지혜가 필요합니다.

걸작은 긴 시간에 걸쳐 만들어진다

    세계의 유명한 걸작품들은 긴 세월 동안 정교하게 공들여 만들어졌다. 미켈란젤로의 '최후의 심판'은 6년에 걸쳐, '베드로의 순교'는 8년 만에 만들어졌다. 세계적 건축가 가우디의 '옥수수 성당'은 1882년에 착공되어 120여 년이 지난 지금도 조금씩 만들어지고 있다. 박경리 선생은 1969년에 '토지' 집필을 시작해 1994년 8월 15일 새벽 2시, 즉 25년 만에 거대한 마침표를 찍었다.

— 김현정, '사춘기가 인생을 결정한다'에서

촌철활인 | 한 치의 혀로 사람을 살린다

    한국인의 대표적 특성 중에 '빨리빨리 문화'가 있습니다. 우리나라의 급속한 발전은 이 빨리빨리 문화에 힘입은 바가 큽니다. 그러나 빠른 속도 못지않게 중요한 것들이 있습니다. 올바른 전략방향은 속도보다 더 중요합니다. 옳지 않은 방향으로 빨리 가는 것은 몰락을 재촉할 뿐이기 때문입니다. 또한 시간투자에 비례하여 가치가 올라가는 걸작품들도 있습니다. 긴장과 이완, 빠름과 느림의 균형을 잘 잡는 것이 중요합니다.

지루한 반복이 달인을 만든다

일을 그만둔다면 모르겠지만, 어떤 이유로든 일을 해야 한다면 반복을 즐겨야 한다. 반복은 피로를 야기하는 독이기도 하지만 전문가를 만들어주는 약이기도 하다. 능력 있는 사람은 반복이 주는 피로에 지쳐 중도 하차하지 않는다. 반복이 주는 스트레스를 매니지 하는 것 자체가 아주 중요한 능력이기 때문이다.

— 여준영(프레인 대표), 허병민, '1년만 버텨라'에서

촌철활인 | 한 치의 혀로 사람을 살린다

광고인 박웅현 씨는 '나는 뉴욕을 질투한다'에서 "천재성은 천재적인 영감이 아니었다. 거기에 대한 철저한 믿음과 그것을 끝까지 물고 늘어지는 힘이었다."라고 고백합니다. 달인이 되는 비결은 매우 단순합니다. 가끔은 힘들고 짜증나더라도, 매일 세수하고 양치하듯이 꾸준하게 반복하는 것이 바로 그것입니다.

저절로 되게 하려면
지루한 반복을 거듭해야 한다

저절로는 공짜처럼 보이지만 저절로 되게 하려면 자신을 몽땅 내주어야 한다. 저절로는 아무렇게나 하는 것처럼 보이지만 저절로 되게 하려면 수많은 실험을 거쳐야 한다. 저절로는 너무 쉽게 하는 것처럼 보이지만 저절로 되게 하려면 지루한 반복을 거듭해야 한다.

– 고전연구회 사암 外, '조선 지식인의 글쓰기 노트'에서

촌철활인 | 한 치의 혀로 사람을 살린다

어느 날 갑자기 저절로 되는 유일한 방법은 진지한 실천을 반복하는 것입니다. 달인이 되는 유일한 비결은 연습에 연습을 반복하는 것입니다. 달인은 연습도 실전처럼 반복을 거듭한 결과 저절로 솜씨를 발휘하는 사람입니다. 사소한 일을 쉬지 않고 반복하는 것이 위대한 일을 해내는 비결입니다.

'꾸준히'는 최소 10년을 의미한다

남이 하지 않는 일을 10년 하면 꼭 성공한다. 천재적 재질보다 꾸준한 정진 노력이 성공의 어머니가 된다. 세월 속에 씨를 뿌려라. 그 씨는 쭉정이가 되어서는 안 되고 정성껏 가꿔야만 한다.

— 석주명(일제 암흑기를 빛낸 세계적 나비학자)

촌철활인 | 한 치의 혀로 사람을 살린다

인지심리학 분야에 '10년 법칙'이라는 규칙이 있습니다. 어떤 분야에서건 전문성을 획득하기 위해서는 최소한 10년 이상 부단한 노력과 집중력이 필요하다는 법칙입니다. 성인기의 성취라는 것은 그것이 어떤 영역이든 '중단 없는 노력'에 의해 이루어집니다. 천재로 알려진 사람의 능력 중 상당수는 타고난 천재성이 아니라 우리의 상상을 뛰어넘는 집중과 반복의 산물임을 기억해야 합니다. 꾸준한 반복의 위력은 결코 과소평가 될 수 없습니다.(서울대 최인철 교수 저, '프레임'에서)

10년 법칙이 절실히 필요한 때다

어떤 특별한 분야에서 세계적인 수준으로 자신을 자리매김하기를 원하는 사람이 있다면, 그 분야에서 지속적이고 정교한 훈련을 최소한 10년 정도 해야만 한다.

– 앤드류 카슨(Andrew D. Carson, 박사)

촌철활인 | 한 치의 혀로 사람을 살린다

스톡홀름대학 앤더스 에릭슨 박사가 먼저 밝혀낸 '어떤 분야에서 최고 수준의 성과와 성취에 도달하려면 최소 10년 정도는 집중적인 사전 준비를 해야 한다는 10년의 법칙the 10-year law'을 한 단계 발전시킨 연구결과입니다. 직장인이나 사업가들이 짧은 시간 내에 결과가 제대로 나오지 않으면 쉽게 포기하고 여기저기 기웃거리는 세태가 안타깝습니다. 10년은 한 분야에서 성공하기 위해 필요한 최소한의 투자기간입니다.

위대함을 낳는 매직 넘버, 1만 시간의 법칙

어느 분야에서든 세계수준의 전문가, 마스터가 되려면 1만 시간의 연습이 필요하다. 작곡가, 야구선수, 소설가, 스케이트 선수, 피아니스트, 체스선수, 숙달된 범죄자, 그 밖의 어떤 분야에서든 연구를 거듭하면 할수록 이 수치를 확인할 수 있다. 1만 시간은 대략 하루 세 시간, 일주일에 스무 시간씩 10년간 연습한 것과 같다. 어느 분야에서든 이보다 적은 시간을 연습해 세계 수준의 전문가가 탄생한 경우를 발견하지는 못했다.

– 말콤 글래드웰, '아웃라이어'에서

촌철활인 | 한 치의 혀로 사람을 살린다

복잡한 업무를 수행하는 데 필요한 탁월성을 얻으려면, 최소한의 연습량을 확보하는 것이 결정적이라는 사실은 수많은 연구를 통해 거듭 확인되고 있습니다. 사실 연구자들은 진정한 전문가가 되기 위해 필요한 '매직 넘버'에 수긍하고 있습니다. 그것이 바로 '위대함을 낳는 매직 넘버, 1만 시간의 법칙'입니다. 우리 두뇌는 진정한 숙련자의 경지에 접어들기까지 누구에게나 그 정도의 시간을 요구하고 있다 볼 수 있습니다.

대나무의 비밀

대나무는 씨앗을 심은 후 처음 4년 동안은 하나의 죽순 빼고는 아무것도 보이지 않는다. 그 4년 동안 모든 성장은 땅속에서 이루어진다. 그동안 섬유질의 뿌리 구조가 형성되어 땅속으로 깊고 넓게 퍼져 나간다. 그리고 나서 5년째 되는 해 대나무는 25미터 높이로 자란다.

– '긍정적으로 생각하라'에서

촌철활인 | 한 치의 혀로 사람을 살린다

'인내심을 가지고 장기적 관점에서 노력을 지속한다면, 결국에는 원하는 결과를 얻게 될 것'이라는 중요한 교훈을 주는 유익한 이야기입니다. 개인, 조직 할 것 없이 큰 목표를 가지고 일희일비하지 않고 꾸준히 노력한다면 어느 순간 자신도 모르게 훌쩍 커버린 자신의 모습을 보게 될 것이라 확신합니다.

평범한 습관이 모여
비범한 운명을 만든다

나는 하루에 푸시업(push up)을 1,000회 이상 한다. 30대부터 시작해 거의 매일 빠짐없이 두 시간씩 이렇게 운동한다. 규칙적인 반복이 습관이 되고, 습관이 되어야 기술이 된다. 반복해야 세포가 기억한다. 좋은 습관, 좋은 기술이란 세포가 기억하는 것이다.

– 이준구(회장, 태권도 대부)

촌철활인 | 한 치의 혀로 사람을 살린다

"현재의 나는 그동안 반복적으로 행동한 것의 결과물이다. 따라서 탁월함은 행동이 아니라 습관에서 비롯된다." 아리스토텔레스의 이야기입니다. 끊임없이 작지만 좋은 습관을 갖기 위해 마음먹고 행동하고, 또 마음먹고 행동하다 보면 어느 순간 스스로 달라진 모습에 놀라게 될 것입니다. 그러는 과정에서 성격이 바뀌고, 운명 또한 바뀌게 될 것입니다.

평범한 사람들이
비범한 인재가 되는 비결

평범한 인재들이 비범하게 바뀐 단 한 가지 이유는 '일을 싫증 내지 않고 묵묵히 노력하는 힘'에 있다. 하루하루 쌓아가는 지속적인 힘이 평범함을 비범함으로 바꾼다. 꿈을 현실로 바꾸는 사람이란, 쉽고 편한 길을 택하기보다는 꾀부리지 않고 한 걸음씩 성실하게 하루하루를 살아가는, 평범하지만 비범한 사람들이다.

— 김쌍수(전 한전 사장), '5%는 불가능해도 30%는 가능하다'에서

촌철활인 | 한 치의 혀로 사람을 살린다

중국 속담에 "아무리 작은 일이라도 정성을 담아 10년간 꾸준히 하면 큰 힘이 된다. 20년을 하면 두려울 만큼 거대한 힘이 되고, 30년을 하면 역사가 된다."라는 말이 있습니다. 우공이산愚公移山의 자세로 덤빈다면 못 이룰 꿈이 없습니다.

창의성은 '머리'가 아닌 '엉덩이' 싸움이다

결과물은 공을 들인 만큼 나온다. 다른 사람보다 아이디어가 조금이라도 더 기발하고, 조금이라도 더 위트 있는 사람은 남들보다 한 시간이라도 더 고민하고 더 작업한 친구다. 크리에이티브(creative)는 '머리'가 아닌 '엉덩이' 싸움이다.

– 박서원, '생각하는 미친놈'에서

촌철활인 | 한 치의 혀로 사람을 살린다

"누가 더 똑똑하고 더 기발한가의 문제가 아니라 누가 더 오래 열심히 연구하는 가의 문제다. 이제 더 이상 갈 데가 없다고 생각할 때 한 발짝 더 가는 것, 이제 더 이상 쥐어짤 게 없다고 생각될 때 한 번 더 고민하는 것, 그것이 좀 더 나은 결과, 좀 더 좋은 아이디어를 탄생시키는 비결이다." 박서원 대표의 이야기입니다.

절대로 포기하지 말라!

말년에 처칠이 모교에서 연설할 때, 교장이 다음과 같이 말했다. "역사적인 순간이다. 윈스턴 처칠은 가장 훌륭한 연설가이다. 그의 연설을 모두 받아 적도록 해라. 잊을 수 없는 연설이 될 것이다." 처칠은 안경 너머로 학생들을 바라보며 말했다. "절대! 절대! 절대! 절대로 포기하지 마십시오!" 그는 이 말만을 남기고 자신의 자리로 가 앉았다.

촌철활인 | 한 치의 혀로 사람을 살린다

성공을 막는 가장 무서운 병은 쉽게 절망하는 버릇입니다. (키에르케고르) 포기하기 시작하면 그것도 습관이 됩니다. (번스롱 바르드)

마쓰시타 고노스케는 "사업에서 실패하지 않는 유일한 방법은 성공할 때까지 포기하지 않는 것이다."라고 절대 포기하지 않는 근성을 강조하고 있습니다.

끈질긴 경영

처음에는 '저런 걸 시작하다니!'라며 갖은 조롱을 당하고, 2대째에는 '된다 된다 하면서 도무지 되는 게 없잖아!'라며 거짓말쟁이 취급을 당했다. 그러다 3대째에 겨우 꽃을 피웠다.

– 사카마키 히사시(캐논전자 사장), '끈질긴 경영'에서

촌철활인 | 한 치의 혀로 사람을 살린다

다양한 분야에서 성공가도를 달리는 캐논은 시류에 영합해 손쉽게 성공한 것이 아닙니다. 오늘의 결실은 20년 전에 씨앗을 뿌리고 그간의 고초를 이겨낸 인내와 집념이 낳은 산물입니다. 주력 제품의 연구개발부터 제품화 성공에 이르기까지 복사기 18년, 레이저 프린터 21년, BJ 프린터 26년, 리플렉스 카메라는 22년이라는 시간이 들어갔다고 합니다. 난세를 살아가는 오늘! 끈기와 집념을 되새겨봅니다.

그 작은 단 한 번의 시도

성공한 사람과 그렇지 못한 사람의 차이는 작다. 성공하기 위해서 100번을 시도해야 한다면 실패한 사람은 99번 시도하고 말지만 성공한 사람은 한 번 더 도전한다. 그 한 번의 차이가 성공과 실패를 구분하고 그 한 번의 차이가 고급과 저급을 구별하며, 그 1점의 차이가 시험에서 당락을 좌우한다.

– 신현만, '20대가 끝나기 전에 꼭 해야 할 21가지'에서

촌철활인 | 한 치의 혀로 사람을 살린다

남들이 할 만큼 했다고 포기할 때 성공한 사람들은 한 번 더 몸을 던집니다. 발명왕 토마스 에디슨도 "인생에서 실패하는 대부분의 경우는, 그들이 포기한 바로 그 순간 그들이 성공에 얼마나 근접했는지를 깨닫지 못했기 때문이다."라고 같은 맥락의 말을 했습니다.

작고 사소한 것의 힘

우리가 어떤 일을 지속적으로 할 때 그것은 쉬워지기 마련이다. 그 사물의 본질이 변하는 것이 아니라, 그것을 할 수 있는 우리의 능력이 증가되는 것이다.

– 랄프 왈도 에머슨

촌철활인 | 한 치의 혀로 사람을 살린다

페르시아 시인 사디의 "인내하라. 무엇이든 처음에는 어렵지만 점점 쉬워지게 마련이다."라는 주장과 맥을 같이하고 있습니다. 인생에서 가치 있는 것은 모두 오랫동안 땀을 흘려야만 얻을 수 있는 법입니다. 작고 무의미해 보이는 단계를 오랫동안 계속하다 보면 부지불식간에 어마어마한 변화가 일어나는 것을 목도할 수 있을 것입니다.

복리의 힘, 1,000% 공식

별것 아닌 것처럼 보이지만 매일 0.1%씩 향상시킬 경우 첫 한 주 동안 자기 자신의 성과를 0.5% 향상시킬 수 있다. 매주 0.5%가 4주 동안 축적되면 2%가 향상되고 이는 1년 만에 26%가 향상됨을 뜻한다. 그리고 매년 26%씩 10년 동안 계속한다면 처음 시작에 비해서 무려 1,000%(복리로 정확히 계산하면 1,008%가 된다)라는 엄청난 성과를 창출할 수 있다.

— 브라이언 트레이시

촌철활인 | 한 치의 혀로 사람을 살린다

한꺼번에 이루기는 어렵지만 조금씩, 그러나 꾸준하게 계속하면 놀라운 성과를 올릴 수 있음을 계량적으로 보여주고 있습니다. 특별한 것을 해야 특별해지는 것이 아니라 평범한 일이라도 꾸준하게 실천해 나가다 보면 그것이 곧 특별해지는 것입니다. ('곽숙철의 혁신이야기'에서)

인생이란 계단의 연속이다

나는 계단의 원리를 좋아한다. 아무리 잘해도 한 계단인데 몸 건강하다고 두세 계단씩 뛰다 보면 언젠가는 부러지게 된다. 올라갈 때도 한 계단, 내려갈 때도 한 계단이다. 삶에서도 여러 계단을 한꺼번에 오를 수는 없다. 그러면 나중에 열 계단씩 한꺼번에 내려앉을 수도 있다. 자만심 때문이다.

– 최경주 선수(프로골퍼)

촌철활인 | 한 치의 혀로 사람을 살린다

"인생이란 계단의 연속이다. 매사가 원래 더딘 법이다. 한번에 높은 계단을 오를 수도 있겠지만, 인생은 대부분 낮고 시시해 보이는 계단을 오르는 데 바쳐진다." 랠프 랜섬Ralph Ransom의 이야기입니다.

성공의 고지는…

성공한 사람들이 도달한 높은 고지는 단번에 오른 것이 아니다. 경쟁자들이 밤에 잠을 자는 동안 한 발짝 한 발짝 기어오른 것이다.

— 헨리 워즈워드 롱펠로

촌철활인 | 한 치의 혀로 사람을 살린다

샘 월튼 월마트 창업회장은 "하룻밤 사이에 성공을 거두었다는 사람들과 마찬가지로, 나는 여기에 오기까지 20년 밖에 걸리지 않았다."라고 말했습니다. 20년을 하룻밤처럼 흔들리지 않고 꾸준히 그리고 성실하고 근면하게 일해 온 사람들에게 돌아가는 것이 바로 승리의 월계관입니다.

삶은 땀을 먹고 자란다

"운동선수는요, 매일 안 하면 안 돼요. 세상없는 사람도 매일 안 하면 못하게 되어있죠. 모든 연주는 전부 몸으로 하는 거지요. 정신으로 하는 게 아니죠. 몸이라고 하는 건 단련하는 겁니다. 가야금을 한 달만 쉬면 못합니다. 못하는 이유는 첫째가 손끝에 물집이 잡혀서 못하고, 두 번째는 손가락 근육이 풀려버려요. 그래서 군말 없이 매일 해야 되요. 그런데 연주하는 사람이 매일 한다는 게, 그게 멍에를 짊어지는 거지. 근데 멍에를 짊어지는 그 맛이 기가 막힌 거야."

— 황병기(국립국악관현악단 지휘자, 예술감독)

촌철활인 | 한 치의 혀로 사람을 살린다

이어지는 황병기 감독의 이야기입니다. "운동선수들은 운동장에서 자신의 자유와 청춘을 만끽합니다. 땀을 뻘뻘 흘려가면서 말이죠. 육체라는 것은 굉장히 신성하고 정직한 것입니다. 연주도 그런 거예요. 연주가는 본질적으로 육체로 하는 것이기에 그 맛이 기가 막힌 거예요. 매일 해야 한다는 것은 고통이지만, 그 고통이 곧 즐거움이지. 예술은 그런 점에서 스포츠하고 똑같습니다. 스포츠도 잘하게 되면, 그게 예술 아닙니까."

하루아침에 성공을 거두는 방법

사람이라면 무에서 전혀 새로운 것을 창조해내고 싶어 한다. 고단한 실험이나 오랜 노력은 생략하고 말이다. 하지만 그런 대도약은 존재하지 않는다. 각고의 노력 끝에 변화가 생기고, 그 결과물이 마치 대도약처럼 보일 뿐이다. 그 과정은 피를 말리는 날들의 연속이었다.

— 제임스 다이슨, '계속해서 실패하라'에서

촌철활인 | 한 치의 혀로 사람을 살린다

작가 마이클 르뵈프는 "하루아침에 성공을 거두기 위해서는 15년이 필요하다. 좋은 소식은 그 15년이 매우 빨리 지나간다는 것이다."라고 말했습니다. 즐겁게 과정을 즐기는 사람만이 시간과 노력을 들여 위대한 작품을 만들어 냅니다.

꾸준한 노력을 실력이라 부른다

다리를 움직이지 않고는 좁은 도랑도 건널 수 없다. 소원과 목적이 있으되 노력이 따르지 않으면, 아무리 환경이 좋아도 소용이 없다. 비록 재주가 뛰어나지 못하더라도 꾸준히 노력하는 사람은 반드시 성공을 거두게 된다.

-알랭(프랑스 철학자)

촌철활인 | 한 치의 혀로 사람을 살린다

땀은 배신하지 않습니다. 노력을 이기는 천재는 없습니다. 평범하지만 꾸준히 실행하는 사람이 언젠가는 게으른 천재를 이깁니다. 실력이란 꾸준한 노력의 다른 이름입니다.

노력만 한 지름길도 없다

남이 한 번에 능하면 나는 백번을 하고 남이 열 번에 능하면 나는 천 번을 한다. 과연 이 방법으로 한다면 비록 어리석다 하더라도 반드시 밝아지고 비록 유약하더라도 반드시 강해진다.(人一能之 己百之 人十能之 己千之)

– 중용

촌철활인 | 한 치의 혀로 사람을 살린다

할리우드 최고의 컨셉 디자이너로 인정받는 스티브 정은 이렇게 말합니다. "창의력이 머리에서 나온다는 말을 믿지 않는다. 오히려 엉덩이에서 나온다고 생각한다. 한 번 구상에 들어가면 5시간이고 10시간이고 한자리에 앉아 몰입하는 편이다. 끝을 내야 일어선다. 졸업 후 회사에서 일을 시작한 뒤 7년 동안 딱 사흘 쉬어봤다. 그것도 아파서….''('최고가 되려면 최고를 만나라'에서)

큰 승리는

가장 빠르고, 가장 똑똑하고, 가장 총명하고, 가장 부유한 사람에게 큰 승리는 오지 않는다. 큰 승리는 넘어질 때마다 일어나는 사람에게 오는 것이다.

— 헨리엣 앤 클라우저, '종이 위의 기적, 쓰면 이루어진다'에서

촌철활인 | 한 치의 혀로 사람을 살린다

긍정적인 자세를 견지하는 사람은 꿀벌과 같다고 합니다. 공기 역학적 측면에서 보면 꿀벌은 몸체, 몸무게, 날개의 폭과 크기 때문에 나는 것 자체가 불가능하지만 매일 열심히 날아다니며 꿀을 모은다 합니다. 미물에 불과한 꿀벌이 우리에게 큰 힘을 줍니다.

인내는 정신의 숨겨진 보배다

어떤 사람이든 추위, 더위, 배고픔, 목마름을 이기지 못하고, 불쾌한 일을 참고 견디는 힘이 없다면, 그는 결코 인생의 승리자가 될 수 없다. 그런 사람은 결코 빛나는 명성을 얻을 수 없을 것이다. 인내는 정신의 숨겨진 보배이다. 그것을 활용할 줄 아는 사람이 현명한 사람이다.

— 마하트마 간디

촌철활인 | 한 치의 혀로 사람을 살린다

인간에게는 불행이나 빈곤, 심지어 질병까지도 필요합니다. 이런 것들이 없다면 인간은 곧 오만해지기 때문입니다.(투르게네프) 많은 경험을 가진 사람들의 말에 따르면, 인생에 있어서 정말로 견디기 힘든 것은 나쁜 날씨의 연속이 아니라 오히려 구름 없는 날씨의 연속입니다.(힐티)

자신을 통제하는 것,
가장 위대한 예술이다

계속 달려야 하는 이유는 아주 조금밖에 없지만 달리는 것을 그만둘 이유라면 대형 트럭 가득히 있다. 우리에게 가능한 것은 그 '아주 적은 이유'를 하나하나 소중하게 단련하는 일뿐이다.

– 무라카미 하루키, '달리기를 말할 때 내가 하고 싶은 이야기'에서

촌철활인 | 한 치의 혀로 사람을 살린다

괴테는 "자신을 통제하는 것, 그것은 가장 위대한 예술이다."라고 말했습니다. 자기통제를 잘하고 자기 자신과의 약속을 더 잘 지키는 사람일수록 더 많이 이루고 더 많이 성숙해지는 인생의 승자가 될 가능성이 높아질 거라 믿어봅니다.

자수성가한 사람의 진실 고백

자수성가한 사람이 숨김없이 진실을 털어놓는다면 그것은 아마도 "나는 내 게으름, 무지와 싸우며 한 계단 한 계단을 힘겹게 올라 정상에 이르렀다."일 것이다.

— 제임스 톰

촌철활인 | 한 치의 혀로 사람을 살린다

성공하는 사람에겐 실패하는 사람들이 회피하는 일을 하는 습관이 있습니다. 성공하는 사람 역시 그런 일을 싫어하기는 마찬가지만, 그들은 '뚜렷한 목표'의 힘으로 그런 마음을 굴복시키며 끝없이 정진을 계속하는 차이가 있을 뿐입니다.

그림자가 있는 곳에는 반드시 밝은 빛이 비친다

우리가 잘못 알고 있는 것이 하나 있다. 우리는 항상 완벽을 추구한다. 하지만 가장 본받아야 할 인생은 한 번도 실패하지 않은 것이 아니라 실패할 때마다 조용히, 그러나 힘차게 일어서는 것이다. 아무리 힘든 일이라도 해결책은 있게 마련이다. 그림자가 있는 곳에는 반드시 밝은 빛이 비친다.

– 톨스토이

촌철활인 | 한 치의 혀로 사람을 살린다

끈기란 어떤 어려움에도 굴복하지 않고 밀고 나가려는 마음가짐입니다. 목표를 달성하는 데 있어서 끈기와 열정을 가지고 계획한 대로 움직여 나간다면 분명한 결과를 얻을 수 있습니다. 우리의 행로를 가로막는 벽은 언제나 있게 마련입니다. 그러나 뛰어넘을 수 없는 벽은 찾아오지 않습니다. 벽은 벽이 아니라 성공하기 위한 과정일 뿐입니다.

꿈은 늘
고통을 수반하면서 이루어진다

신중하게 계획된 연습은 재미없을 수밖에 없다. 우리를 위대함의 길로 인도하는 활동이 쉽고 재미있다면 누가 그 길을 마다하겠는가. 그 길은 가장 뛰어난 사람과 그렇지 않은 사람을 구분하지 않는다. 따라서 신중하게 계획된 연습이 힘들고 지루하다는 사실은 확실히 우리에게 희소식이다. 대부분의 사람들이 그런 연습을 하지 않는다는 의미이기 때문이다.

– 제프 콜빈

촌철활인 | 한 치의 혀로 사람을 살린다

제프 콜빈은 분야에 상관없이 '신중하게 계획된 연습deliberate practice'으로 1만 시간을 채워야 최고 수준에 도달할 수 있다고 강조합니다. 문제는 그것이 상당히 힘들고 재미가 없다는 점입니다. 따라서 신중하게 계획된 연습을 하겠다고 마음먹는 순간, 그만큼 차별화된 존재가 될 수 있습니다. 꿈은 늘 고통을 수반하면서 이루어집니다.

머리가 아닌 몸으로 기억하게 하라

특정 스킬을 개발하고 발전시키려면 노래가사를 집중해서 열심히 외우는 것과 같은 강제적인 훈련이 필요하다. 결국 연습과 집중이다. 훈련, 훈련, 또 훈련밖에 없다.(Practice, practice, and more practice) 지극히 평범한 진리야말로 특정 스킬을 습득할 때 최상의 방법인 것이다.

– 이성용(베인앤컴퍼니 한국 대표)

촌철활인 | 한 치의 혀로 사람을 살린다

갑자기 닥친 위기 상황에서는 머리로 생각해서 대응하기에 늦는 경우가 많습니다. 따라서 가장 중요한 것은 머리가 아닌 몸이 기억하도록 해야 합니다. 위급 상황에서 한 치의 오차 없이 자동으로 할 수 있는 단계, 즉 몸이 기억할 수 있도록 하는 방법은 수백, 수천 번에 이르는 반복 훈련 외에 대안은 없습니다.

만족이 성장을 멈추게 한다

누구든지 지금 살고 있는 삶, 지금 머릿속에 떠올린 생각, 지금 하고 있는 행위에 완전히 만족해버린다면, 그보다 안타까운 일은 없을 것이다. 더 큰 꿈을 당연히 추구해야 한다는 것을 알면서도 그런 열망을 멀리하며 영혼의 문을 두드리기를 중단한다면 그보다 애석한 일은 없을 것이다.

— 필립스 브룩스(Phillips Brooks, 목사)

촌철활인 | 한 치의 혀로 사람을 살린다

일반적 속설과 달리, 학습에서 가장 큰 장애물은 무지나 열등한 지능이 아니라, 이미 알고 있다는 착각입니다. 우리가 뭔가를 알아냈다고 믿는 순간이 우리 삶에서 가장 위험한 순간입니다. 그런 생각을 하는 순간부터 성장이 멈추기 때문입니다. 끊임없는 학습을 대신할 수 있는 것은 없습니다.

좀 늦게 가는 것도 나쁘지 않다

좀 늦게 가는 것이 창피한 일이 아닙니다. 사막의 낙타는 천천히 가기에 무사히 목적지에 닿을 수 있지 않습니까? 무엇이든 과정이 있는 법이고, 그 과정을 묵묵히 견뎌낸 사람만이 결국에는 값진 열매를 얻을 수 있습니다.

— 이정하, '돌아가고 싶은 날들의 풍경'에서

촌철활인 | 한 치의 허로 사람을 살린다

빨리 가려다 보면 무리수를 두게 되고, 소외계층을 낳기도 합니다. 천천히 가더라도 사람들과 더불어 올바른 길을 가는 것이 더 크고 오래가는 승리를 가져다줍니다. 거목巨木은 백 년, 천 년 더디게 자라지만 마디마디 굳건함과 풍성함에 따를 것이 없는 것처럼 세월을 두고 세월의 무게가 더해져야 인생도 제맛이 나는 법입니다. (고환택, '철든 놈이 성공한다'에서)

작은 일도
성실히 하라

재능이란 성실의 다른 이름이다

승리에 우연은 없다. 천(千)일 연습하는 것을 단(鍛)이라 하고, 만(萬)일 연습하는 것을 련(鍊)이라 한다. 이와 같이 단련(鍛鍊)이 있고 나서야 싸움에서 이기기를 기대할 수 있다.

— 미야모토 무사시

촌철활인 | 한 치의 혀로 사람을 살린다

순자는 "천리마라도 한 뜀박질에 열 걸음을 갈수는 없으나 둔한 말이라도 열 수레의 짐을 나를 수 있는 것은 끊임없이 노력하는 공을 들였기 때문이다."라고 노력의 중요성을 강조했습니다. 꿈을 성취한 사람들의 재능이란 바로 성실의 다른 이름입니다.

역사의 주인공이 되는 비결

주인으로서의 책임감을 갖고 최선을 다하는 것. 직장인이라면 자신의 돈으로 투자하고 판매하는 것처럼 '절박하게' 고민하고 행동해야 성공할 수 있다. 단순히 '대리인'이라는 생각으로 적당히 행동해서는 결코 치열한 경쟁에서 이길 수 없다. 그리고 오너처럼 행동해야 자신의 실력도 쌓이고 궁극적으로 CEO도 되고 오너도 될 수 있다.

– 워렌 버핏

촌철활인 | 한 치의 혀로 사람을 살린다

오너십Ownership, 즉 주인의식을 가지고 생활하면 직장이 천국이 될 수 있습니다. 물론 직장생활하면서 주인의식을 갖는다는 것은 결코 쉬운 일이 아닙니다. 그러나 우리 주위에는 진정한 주인의식을 가진 0.1%의 사람들이 있습니다. 그들이 역사의 주인공이 되는 것입니다. 역사의 주인공이 되는 길, 결코 멀리 있지 않습니다.

경영자와 직원의 차이

모든 업무에 있어 "내가 최종 의사결정권자이다. 결과는 내가 책임진다."라는 자세로 임하는 사람은 직급에 관계없이 경영자요, 리더다. 반면, 관리자나 경영자의 지위에 있다 하더라도 "나보다 더 높은 사람이 최종 결정권자다. 따라서 그 사람이 책임질 것이다."라는 자세로 업무를 대하는 사람은 그 지위와 관계없이 일반 직원에 불과하다.

— 김효준(BMW KOREA 사장)

촌철활인 | 한 치의 혀로 사람을 살린다

　경험으로 판단컨대, 차세대 사장으로 성장할 첫 번째 유형은 바로 이와 같은 사람들입니다. 즉 '내가 사장이다', '내가 오너다'라는 생각으로 매사에 임하는 사람들이 성공가능성이 가장 높습니다. 작은 생각의 차이가 큰 결과의 차이를 가져옵니다.

우직함이야말로 가장 감사할 능력이다

만일 지금 성실하게 일하는 것밖에 내세울 것이 없다고 한탄하고 있다면 그 우직함이야말로 가장 감사해야 할 능력이라고 말하고 싶다. 지속의 힘, 지루한 일이라도 열심히 계속해나가는 힘이야말로 인생을 보다 가치 있게 만드는 진정한 능력이다.

— 이나모리 가즈오

촌철활인 | 한 치의 혀로 사람을 살린다

아이러니하게도 그런 우직함이야말로 꿈꾸는 곳에 이르는 가장 빠른 길이 됩니다. 너무 빨리 급하게 서두르다 보면 가지 말아야 할 길로 들어서기도 하고, 처음에는 앞서가다 금방 지쳐버리기도 합니다. 빨리 가는 것이 미덕처럼 여겨지는 사회이지만, 진정한 승리는 크고 원대한 목표를 갖고 우직하게 좌고우면하지 않으면서 우보만리牛步萬里로 조금씩 나아가는 사람에게 돌아갑니다.

작은 아이디어의 힘

아이디어가 큰 것은 경쟁회사들도 도출 가능하다. 그러나 작은 아이디어는 경쟁자가 모방하기 어렵다. 작은 아이디어는 구체적 장소나 상황에 관한 것으로 경쟁자 눈에 띄지 않는다. 변화는 작은 아이디어부터 오는 것이다.

— 앨런 로빈슨·딘 슈레더, '직원들은 답을 알고 있다'에서

촌철활인 | 한 치의 혀로 사람을 살린다

물론 크고 대범하다는 평가는 좋은 것입니다. 반대로 깐깐한 사람이라는 평가는 그렇게 유쾌하지 않을 겁니다. 그러나 작은 것을 무시해서는 결코 큰일을 할 수 없습니다. 작은 일에 최선을 다하는 사람이 큰일에도 최선을 다합니다.

작은 일이라도
최선을 다하는 사람이 성공한다

콜린 파월의 첫 직업은 음료수 공장의 바닥을 걸레질하는 일이었다. 그는 어디에서도 찾아볼 수 없는 최고의 물걸레질 선수가 되기로 마음먹었다. 군대에서도 같은 태도로 임했고, 결국 많은 훈장을 받은 존경스러운 합참의장으로 제대했다. 이후 미국 국무장관직을 훌륭히 수행했다.

— 지그 지글러

촌철활인 | 한 치의 혀로 사람을 살린다

정상은 바닥부터 올라갈 때 더 큰 가치가 있습니다. 주머니 속의 송곳은 결국 드러나게 마련이라는 고사성어 낭중지추囊中之錐처럼 상사는 하찮아 보이는 일에 최선을 다하는 사람을 좋아하게 되고 기꺼이 그들이 정상에 오를 수 있도록 조력자의 역할을 자청하게 됩니다.

하찮은 일이라도 맡은 분야에서
세계 최고가 되라

신발을 정리하는 일을 맡았다면, 신발 정리를 세계에서 제일 잘할 수 있는 사람이 되어라. 그렇게 된다면 누구도 당신을 신발 정리만 하는 심부름꾼으로 놔두지 않을 것이다. 궂은일이라도 그것에 통달하면 그때부터는 궂은일만 하는 머슴의 세계가 아니라, 창공을 붕붕 날아다니는 도사의 세계가 열린다.

— 고바야시 이치고(한큐 철도 설립자), '일본전산 이야기'에서

촌철활인 | 한 치의 혀로 사람을 살린다

작고 하찮은 일과 크고 위대한 성취는 동전의 양면처럼 연결돼 있습니다. 미국 대통령이 나사를 방문했을 때, 청소부에게 무슨 일을 하느냐고 묻자 주저 없이 "우주선을 달에 보내는 일"을 하고 있다고 답했다는 유명한 일화가 있습니다. 제아무리 하찮은 일이라도 자기 일에 의미를 부여하는 사람, 그가 바로 장차 큰일을 해낼 사람입니다.

작은 일도 소중히 하라

작은 일을 소중하게 생각하는 사람만이 성공할 수 있다. 성공한 사람은 작은 일이 쌓이고 쌓여서 큰일이 되는 체험을 해온 사람들이다. 또한 인생에서 작은 일에 엄청난 노력을 기울여온 사람이기도 하다. 큰일을 끊임없이 해낼 수 있는 것은 누군가가 작은 일을 성실하게 해주고 있다는 사실을 알고 끝없이 고마워하기 때문이 아닐까요?

— 빌 클린턴(미국 전 대통령)

촌철활인 | 한 치의 혀로 사람을 살린다

사소한 일 하나가 대인배를 무너뜨립니다. 최고의 위치에 선 사람들은 작은 일을 매우 중요하게 생각합니다. 또한 작은 일을 소중하게 여기는 사람들은 자신을 돕는 사람들에게 진심으로 감사할 줄 압니다. 작으면서도 눈에 띄지 않는 사람들과 그들의 작은 노력, 하나하나의 일에 특별한 감사의 마음을 전합니다. 그런 작은 일이 나의 큰 성공을 돕습니다. 그래서 작은 일이 큰 일인 것입니다.

세상을 변화시키는 작은 영웅들

세상은 영웅에 의해 변화되는 것 같지만 그렇지 않다. 세상은 영리한 사람에 의해 발전되는 것 같지만 그렇지도 않다. 세상은 소수일지라도 우직할 정도로 '변함없이' 노력하는 자에 의해 조금씩 변화 발전한다. 진정한 행운도 영웅과 영리한 자의 것이 아니다. 우직할 정도로 변함없이 애쓰고 일하는 자의 것이다.

– 윤윤수(FILA 회장)

촌철활인 | 한 치의 혀로 사람을 살린다

"혁신은 번뜩이는 천재성의 결과가 아니다. 미래가 실현되도록 하기 위해서는 천재가 필요한 것이 아니라, 고된 작업이 필요하다."라는 드러커 교수 말씀이 떠오릅니다. 그렇습니다. 내가 바로 세상을 바꾸는 주인공입니다. 내가 오늘 갖는 소박한 꿈과 생각이, 그리고 내가 하는 꾸준한 노력과 작은 행동이 조금씩 세상을 바꿉니다.

작은 데서 큰 것을 생각하는 사람이 크게 이룬다

큰일에는 진지하게 대하지만 작은 일에는 손을 빼는 것이 당연하다고 생각하는 것, 몰락은 언제나 여기에서 시작된다.

— 헤르만 헤세

촌철활인 | 한 치의 혀로 사람을 살린다

 노자는 도덕경에서 "천하의 어려운 일은 반드시 쉬운 데서 시작하고, 천하의 큰 일은 반드시 미세한 데서 일어난다."라고 가르칩니다. 가장 궂은일, 가장 작은 일을 어떤 자세로 하느냐에 따라 그 사람의 가치가 결정됩니다.

큰 일은 가볍게,
작은 일은 무겁게 생각하기

경영이라고 하면 큰 것을 다스리는 것처럼 보이지만 결과는 언제나 작은 정성과 관심이 모여서 이룩되는 것이다. 大事는 가볍게 小事는 무겁게 생각하는 마음가짐이 중요하다. 이것이 바로 경영의 요체다.

— 이병철(삼성 창업회장), '호암의 경영철학'에서

촌철활인 | 한 치의 혀로 사람을 살린다

작은 일을 소홀히 취급하는 동안에 큰일을 그르치게 되는 것이 다반사입니다. 천 리 제방도 개미구멍 하나로 무너집니다. 리더는 큰 일뿐만 아니라, 작은 일에도 능해야 합니다. 작은 것이 곧 큰 것이 되기 때문입니다.

내가 배운 가장 유용한 경영기술

언젠가 누군가가 내게 경영자로 일하는 동안에 배운 가장 유용한 경영기술 한 가지를 말하라고 청했다. 내 대답은 '일정표가 짜인 대로 정기적으로 일대일 만남을 실행하는 것'이었다.

— 앤드류 그로브(인텔 전 회장)

촌철활인 | 한 치의 혀로 사람을 살린다

영어에 'street smart'라는 개념이 있습니다. 기업에서는 학벌이 좋아 똑똑한 book smart보다는 세상 경험을 많이 해 똑똑한 street smart를 좋아한다는 용례를 보시면 그 뜻을 정확히 알 수 있습니다. 누구도 죽음을 앞두고 인생을 돌아보며 '내가 더 많은 시간을 사무실에서 보냈어야 했는데'라고 말하지 않습니다.(인터내셔널 해럴드 트리뷴지) 힘들더라도 현장에서 답을 찾는 노력을 꾸준히 전개 하는 것이 street smart해지는 방법이라 할 수 있습니다.

일상을 바꾸면 새로운 운명이 열린다

오늘의 맑은 이 아침. 이 순간에 그대의 행동을 다스리라. 순간의 일이 그대의 먼 장래를 결정한다. 오늘 즉시 한 가지 행동을 결정하라. 나쁜 습관을 버리고 좋은 습관을 가져야 한다. 오늘 그릇된 한 가지 습관을 고치는 것은 새롭고 강한 성격으로 출발한다는 것을 의미한다. 새로운 습관은 새로운 운명을 열어줄 것이다.

―라이너 마리아 릴케

촌철활인 | 한 치의 혀로 사람을 살린다

성공하는 사람들은 하루를 인생의 최대 승부처로 삼았습니다. 인생은 '하루들의 집합'이기 때문입니다. 이 하루를 결정하는 것이 바로 습관입니다. 존 맥스웰은 "일상을 바꾸기 전에는 삶을 변화시킬 수 없다. 성공의 비밀은 자기 일상에 있다."라고 말했습니다. 우리가 생각하고 느끼고, 행동하고 성취하는 모든 것들의 95%가 습관의 결과물이라는 연구 결과도 있습니다.

100% 완벽을 추구하라

퉁웨이 사람이라면 다 아는 수학 문제가 하나 있다. 0.9의 10승은 얼마인가 하는 문제다. 정답은 약 0.35이다. 즉, 다시 말해서 1이 아닌 0.9의 완성도만을 유지할 경우 10번의 공정을 거치면 겨우 0.3 정도의 완성도밖에 달성하지 못한다는 것이다. 그러므로 99%가 아닌 100%를 목표로, 일류를 목표로 뛰어야 한다.

― 루창화, '버려야 얻는다'에서

촌철활인 | 한 치의 혀로 사람을 살린다

0.9를 열 번 곱하면 0.349가 됩니다. 성공을 위해서는 큰 그림만 그리고 큰 것만 잘하면 된다고 생각하는 사람들이 있습니다. 큰 그림은 당연히 필요합니다. 그러나 큰 그림은 작고 구체적인 실천 계획들로 쪼개져서 하나하나 실행될 때만이 현실화될 수 있습니다. 성공이란 수천 가지 작은 일들을 제대로 하는 것, 그리고 그 가운데 많은 일을 되풀이해서 반복하는 것입니다.

한결같이 신중하게 임해야 한다

관직에 오른 사람이 태만해지는 것은 업적을 이룬 뒤부터이며, 질병이 심해지는 것은 늘 호전된 직후이고, 화(禍: 재난, 근심)는 게으르고 삼가지 않는 데서 생기고, 효심이 옅어지는 것은 아내와 자식이 생기고부터다. 이 네 가지를 잘 살펴 시작과 끝이 한결같아야 한다.

— 한시외전(韓詩外傳), '직장 논어'에서

촌철활인 | 한 치의 혀로 사람을 살린다

시경詩經에 "두려워서 벌벌 떨며 조심하기를 마치 깊은 연못에 서 있는 듯하고, 얇은 얼음을 건너듯이 하라." 전전긍긍戰戰兢兢, 여림심연如臨深淵, 여리박빙如履薄氷이라는 말이 나옵니다. 소홀히 대해도 괜찮은 일은 없습니다. 소홀히 대하는 순간 재앙의 싹은 자라기 시작합니다. 승승장구 하고 있을 때도 또 어려운 상황에 있을 때도 늘 마치 살얼음판을 걷듯이 조심조심하는 태도를 유지해야 잠재적인 우환을 미리 제거할 수 있습니다.

내가 에베레스트 산을 오른 방법

어떻게 에베레스트 산을 올라갔냐고요? 뭐 간단합니다. 한 발, 한 발 걸어서 올라갔지요. 진정으로 바라는 사람은 이룰 때까지 합니다. 안 된다고 좌절하는 것이 아니라, 방법을 달리합니다. 방법을 달리해도 안 될 때는 그 원인을 분석합니다. 분석해도 안 될 때는 연구합니다. 이쯤 되면 운명이 손을 들어주기 시작합니다.

– 에드먼드 힐러리(1953년 인류 최초로 에베레스트산을 등정)

촌철활인 | 한 치의 혀로 사람을 살린다

기우제를 하면 반드시 비가 온다는 인디언 이야기 잘 아시죠? 비가 올 때까지 기우제를 지내기 때문이라는…. 다른 사람들이 파다만 금광을 1미터 더 파내려갔더니 금광이 발견되었다는 이야기도 잘 아실 겁니다. 큰 꿈을 꾸고, 꿈을 현실화시키기 위해 열정을 쏟고 안 되더라도 한 걸음 더 나아가고, 또 한 걸음 더 노력한다면 언젠가는 그런 조그만 노력이 모여 나의 운명을 바꿀 만한 힘이 될 수 있습니다.

인생을 사랑한다면, 시간을 낭비하지 말라

그대는 인생을 사랑하는가? 그렇다면 시간을 낭비하지 말라. 왜냐하면 시간은 인생을 구성한 재료니까. 똑같이 출발하였는데, 세월이 지난 뒤에 보면 어떤 사람은 뛰어나고 어떤 사람은 낙오자가 되어 있다. 이 두 사람의 거리는 좀처럼 접근할 수 없는 것이 되어 버렸다. 이것은 하루하루 주어진 시간을 잘 이용했느냐 이용하지 않고 허송세월을 보냈느냐에 달려있다.

― 벤자민 프랭클린

촌철활인 | 한 치의 혀로 사람을 살린다

시간에 대한 명언들을 함께 감상해보세요. "그대의 하루하루를 그대의 마지막 날이라고 생각하라."(호라티우스) "내가 헛되이 보낸 오늘 하루는 어제 죽어간 이들이 그토록 바라던 하루이다." (소포클레스) "세월은 누구에게나 공평하게 주어진 자본금이다. 이 자본을 잘 이용한 사람에겐 승리가 있다."(아뷰난드)

배우는 자의 3가지 병통

배우는 사람에게 큰 병통 세 가지가 있지. 첫째, 기억이 빠른 점이다. 척척 외우는 사람은 아무래도 공부를 건성건성 하는 폐단이 있단다. 둘째, 글짓기가 날랜 점이다. 날래게 글을 지으면 아무래도 글이 가벼워지는 폐단이 있단다. 셋째, 이해가 빠른 점이다. 이해가 빨라 의문을 제기하지 않고 쏙쏙 받아들이면 아무래도 앎이 거칠게 되는 폐단이 있단다. 넌 그것이 없지 않느냐?

― 다산 정약용, '풀어쓰는 다산 이야기'에서

촌철활인 | 한 치의 혀로 사람을 살린다

다산 선생께서 귀양지에서 열다섯 시골 소년에게 하신 말씀입니다. "네가 스스로 둔하다고 하는데, 둔해도 열심히 천착穿鑿하면 어떻게 될까? 계속 열심히 뚫어 구멍을 내면 큰 구멍이 뻥 뚫리고, 꽉 막혔던 것이 한번 뚫리게 되면 그 흐름이 왕성해지고, 거칠어도 꾸준히 연마하면 그 빛이 윤택하게 된단다." 학문의 왕도는 뜻을 세우고, 끝까지 노력을 경주하는 데 있다는 가르침을 주는 훌륭한 말씀입니다.

저는 뚜벅 뚜벅 걷는 평범한 사람입니다

나는 뚜벅 뚜벅 걷는 평범한 사람이다. 평범하기 때문에 멀리 가지는 못한다. 그러나 뚜벅 뚜벅 걷다 보면 제법 많이 가기도 하고 그 성공에 즐거움이 있다. 만약 내가 다른 사람들보다 조금 더 많이 갔다면 용기와 충실함과 근면함 때문이다.

– 벤자민 카도조(200년 미국법원역사상 가장 존경받는 대법관 중 한 명)

촌철활인 | 한 치의 혀로 사람을 살린다

긴 안목에서 보면 뚜벅 뚜벅 꾸준히 걷는 사람들이 더 멀리 가는 경우가 많습니다. 거북이가 토끼를 이긴 지혜와 같습니다. 인생이나 경영이나 마라톤을 하는 심정으로 나서야합니다. 100미터 앞만 보고 가면 단거리에서는 이길 수 있으나 42.195Km를 완주할 수 없습니다.

젊은이에게 들려주고 싶은 말

젊은이들에게 들려주고 싶은 것은 단지 세 마디 말이면 족하다. 일하라. 좀 더 일하라. 끝까지 열심히 일하라.

— 비스마르크(독일의 정치가)

촌철활인 | 한 치의 혀로 사람을 살린다

파스칼은 일하지 않는 인간을 일컬어 "무위도식하는 사람의 두뇌에는 악마가 즐겨 집을 짓는다."라는 끔찍한 악담을 남겼습니다. 알고 보면 일에 열중했을 때만큼 사람에게 감미로운 시간도 없습니다. 고뇌는 대부분 일을 싫어하는 사람의 뇌 속에서 둥지를 튼다고 합니다.

차이코프스키는 어떻게 영감을 얻었나

한 여성이 차이코프스키에게 어디서 영감을 얻느냐고 물었다. 그는 이렇게 대답했다. "부인, 나는 매일 아침 8시에 나의 스튜디오로 들어갈 때, 영감도 따라 들어옵니다."

– '한국인 성공의 조건'에서

촌철활인 | 한 치의 혀로 사람을 살린다

"지금처럼 10년 정도 꾸준히 매일 아침 7시 이전 출근해 공부하면 남과 다른 내공을 쌓을 수 있을 것이네." 10여 년 전 필자의 상사 한 분이 해준 말씀입니다. 헤밍웨이도 창작활동의 비결이 뭐냐고 묻는 사람들에게 "그것은 무슨 일이 있어도 매일 정해진 시간에 책상에 앉는 것이다."라고 말했습니다. 최소 10년 이상, 남들 보다 최소 2배 이상 열심히 살다 보면 누구나 성공의 기쁨을 맛볼 수 있지 않을까요?

일단 시작부터 해보자

무릇 반걸음이라도 쌓이지 않으면 천 리에 이를 수 없고, 작은 물줄기가 모이지 않으면 강과 바다가 될 수 없다. 천리마도 한 번의 도약으로 열 보를 갈 수 없으며, 둔한 말이라도 열 마리가 끌면 그 결과가 달라진다. 인내심을 갖고 끝까지 하면 쇠와 돌도 조각할 수 있다.

— 순자

촌철활인 | 한 치의 혀로 사람을 살린다

"거창한 일이라도 우선 시작해보라. 손이 일에 착수했다는 것만으로도 일의 반은 이룬 셈이다. 그러나 아직 반이 남아있다. 한 번 더 착수해 보라. 그러면 일은 모두 마무리되는 셈이다." 아우렐리우스의 말입니다. 생각을 실천으로 옮기는 것이 곧 용기입니다. 그 용기가 우리의 운명을 바꿔줍니다.

재능이 부족한 사람이 더 많이 성공한다

보통의 능력을 지닌 사람이 탁월한 신체적 장점과 지적 재능을 지닌 사람보다 더 자주 성공한다. 왜냐하면 그들은 현재 자신에게 주어진 것들만으로도 더 열심히 하기 때문이다.

– 케네스 힐데브란트

촌철활인 | 한 치의 혀로 사람을 살린다

심리학자들 연구에 따르면 재능 있는 이들의 경력을 관찰하면 할수록 타고난 재능의 역할은 줄어들고 연습이 하는 역할은 커진다고 합니다. 노력을 이기는 재능은 없습니다. 땀은 거짓말을 하지 않습니다.

행운은 원하는 만큼, 준비하는 만큼 붙잡을 수 있다

승리는 모든 것을 갖춘 자를 기다린다. 우리는 그걸 성공이라고 부른다. 필요한 절차를 등한시한 자에게는 시간이 지난 후에 반드시 실패가 찾아온다. 그리고 우리는 이것을 불행이라 부른다.

– 아문센, '어떻게 세계 최초로 남극점에 도착할 수 있었는지'를 설명하며 한 말

촌철활인 | 한 치의 혀로 사람을 살린다

행운은 원하는 만큼, 준비하는 만큼 붙잡을 수 있습니다. 준비가 철저할 때는 가능성이 나를 찾아오고 대부분의 문제에 해결책이 있습니다. 준비가 부족할 때는 문제가 끝없이 이어집니다. 성공과 실패는 운이 아니라 철저한 준비 여부에 따라 갈리게 됩니다.

규칙적인 생활이 창의성을 키운다

흔히들 규칙적으로 생활하면 사고가 딱딱해져서 창작생활을 하기가 어렵다고 생각하기 쉽지만 창의적인 일은 생활의 방종에서 나오는 게 아니라 규칙적인 생활에서 나온다.

— 허영만(만화가), '그래도 당신이 맞다'에서

촌철활인 | 한 치의 혀로 사람을 살린다

자유로운 생활에서 창의성이 나온다고 생각하기 쉽지만, 대가들은 규칙적인 생활과 자기절제, 끊임없는 노력에서 창의성이 잉태된다고 말합니다. '칼의 노래'로 유명한 김훈 선생은 집필실에 "닦고 조이고 기름치자."라는 글귀를 걸고, 천하지사天下之事 부진즉퇴不進卽退, 즉 '이미 익힌 재주와 능력이라도 닦지 않으면 퇴보하게 마련'이라는 사실을 경계하고 있다 합니다.

좋은 경쟁, 나쁜 경쟁

경쟁에는 좋은 경쟁과 나쁜 경쟁이 있다. 좋은 경쟁의 주체는 '자신'이다. 오로지 자신에게 충실하며 최선의 목표를 향해 전력 질주하는 경쟁이다. 반면 나쁜 경쟁의 주체는 '남'이다. 사사건건 남을 의식하고 남과 비교하며, 이기는 데 목표를 둔 경쟁이다. 인생이라는 마라톤의 참된 의미는 순위다툼이 아니라 자신과 싸워 자신의 역량을 최대한 발휘하는 데 있다.

– 강지원, '세상 어딘가엔 내가 미칠 일이 있다'에서

촌철활인 | 한 치의 혀로 사람을 살린다

  모든 분야에서 탁월한 성과를 낸 사람들은 이구동성으로 상대를 이기려고 집착하는 대신 마음을 비우고 좌우 살피지 않고 오로지 자신에게 충실했다고 말합니다. 인생은 타자와의 경쟁이 아닙니다. 오로지 '어제보다 나은 나'를 만들기 위한 자신과의 외로운 싸움일 뿐입니다.

근검(勤儉) 두 글자를 유산으로

내가 벼슬하여 너희에게 물려줄 밭뙈기 하나 장만하지 못해, 오직 정신적인 부적 두 자를 물려주려 하니 너무 야박하다 하지 말라. 한 글자는 근(勤)이고 또 한 글자는 검(儉)이다. 이 두 글자는 밭이나 기름진 땅보다도 나은 것이니 일생 동안 써도 다 닳지 않을 것이다.

– 다산 정약용, '내가 살아온 날들'에서

촌철활인 | 한 치의 혀로 사람을 살린다

다산은 윤종억에게 보내는 글에서도 역시 근검勤儉을 강조합니다. "집안을 다스리는 요령으로 새겨 둘 글자가 있으니 첫째는 근勤자요, 둘째는 검儉자다. 하늘은 게으른 것을 싫어하니 반드시 복을 주지 않으며, 하늘은 사치스러운 것을 싫어하니 반드시 도움을 내리지 않는 것이다."

과정이 결과보다 중요하다

추구하는 행위(과정)가 그로 말미암아 얻은 결과보다 더 위대하며, 노력이 상보다 더 좋으며 (아니, 노력 자체가 상이다). 게임이 격렬하지 않다면 승리는 값싸고 공허한 것이라는 위대한 진리를 결국은 깨닫게 될 것이다.

— 벤저민 카르도조(미국 대법원 판사)

촌철활인 | 한 치의 혀로 사람을 살린다

 무슨 일이든 그 일의 성공은 성공의 날에 만들어지는 것이 아니라, 날마다 성공의 날로 달려가는 지난한 노력의 과정이 배양시키는 것입니다. 궁극적인 보상만 짜릿한 것이 아니라 그 보상을 얻기 위해 필요한 활동 자체도 무척 가치 있습니다. 정상을 정복했을 때의 기쁨도 크지만, 산을 오르는 것 자체가 즐거움의 상당 부분을 차지하는 것과 마찬가지 이치입니다.('모나리자 미소의 법칙'에서)

인간답게 살고자
끝없이 연습하는 것이 곧 인생이다

조급하게 생각하지 말자. 인생은 결과가 아니라 과정 그 자체이다. 인생이 결과라면 과정의 결과일 따름이다. 서른이든 마흔이든 우리는 언제나 그 과정에 있다. 늦은 나이란 없다.

— 조정래, '인간연습'에서

촌철활인 | 한 치의 혀로 사람을 살린다

조정래 선생은 "기나긴 세월에 걸쳐서 그 무엇인가를 모색하고 시도해서 더러 성공도 하고, 많이는 실패하면서 또 새롭게 모색하고 시도하는, 그 끝없는 되풀이가 인간이 인간답게 살고자 하는 연습이며 그것이 곧 인생"이라 말합니다. 그 고단한 반복을 끊임없이 계속하는 것, 그것이 인간 특유의 아름다움이라고….

천부적 재능이 아닌
고된 작업이 필요하다

혁신은 '번뜩이는 천재성'의 결과가 아니다. 그것은 고된 작업이다. 그리고 그 작업은 기업의 모든 작업단위 및 모든 구성원의 정규업무로 인식되어야 한다. 미래가 실현되도록 하기 위해서는 천재가 필요한 것이 아니라 고된 작업이 필요하다.

― 피터 드러커, '위대한 혁신'에서

촌철활인 | 한 치의 혀로 사람을 살린다

"단 한 차례의 결정적인 행동, 원대한 프로그램, 한 가지 끝내주는 혁신, 오직 혼자만의 행운, 혹독한 혁명 같은 것은 전혀 없었다. 위대한 기업으로의 도약은 단계마다, 행동 하나하나 마다, 결정 하나하나마다, 플라이휠을 한 바퀴, 한 바퀴 돌릴 때마다 눈부신 성과를 쌓아가는 축적 과정을 통해 달성된다." 경영의 두 거장, 피터 드러커와 짐 콜린스가 같은 인식을 하고 있음을 알 수 있습니다.

답을 찾지 마라, 인생엔 정답이 없다

답을 찾지 마라. 인생에 정답은 없다. 모든 선택에는 정답과 오답이 공존한다. 지혜로운 사람들은 선택한 다음에 그걸 정답으로 만들어내는 것이고, 어리석은 사람들은 그걸 선택하고 후회하면서 오답으로 만든다.

— 박웅현, '여덟 단어'에서

촌철활인 | 한 치의 혀로 사람을 살린다

  내 선택이 정답이 아닐 수도 있다고 생각하는 순간 약해지기 시작합니다. 어떤 문제에 직면했을 때 내가 할 수 있는 가장 현명한 판단을 신중하게 하고 나서 과감하게 셔터를 내리고, 바보처럼 단순하게 쭈욱 밀고 감으로써 내 선택을 정답으로 만들어가는 게 필요합니다.

성공을 측정하는 방법

성공은 그 사람이 현재 오른 위치로 평가되는 것이 아니라 성공을 위해 노력하는 동안 얼마나 많은 장애물을 극복했는가로 평가된다.

– 부커 워싱턴

촌철활인 | 한 치의 혀로 사람을 살린다

"인격과 품성은 쉽고 조용하게 계발되고 형성되는 것이 아니라 오직 도전과 고난을 경험함으로써 영혼이 강해지며 야망이 고무되며 성공을 이루게 되는 것이다." 헬렌 켈러의 주옥같은 글입니다.

끝까지 올라간 용은 반드시 후회한다
(항룡유회: 亢龍有悔)

달은 가득차면 이지러지고 그릇은 가득차면 엎어진다. 끝까지 올라간 용은 후회하리니 만족할 줄 알면 욕되지 않으리라. 권세에 기대서는 안 되며 욕심을 지나치게 부려서도 안 된다. 새벽부터 밤늦도록 두려워하기를 깊은 연못에 임한 듯이, 살얼음을 밟는 듯이 하라.

― 김상용, '선원유고(仙源遺稿)'에서

촌철활인 | 한 치의 혀로 사람을 살린다

옛 선인들은 하늘 끝까지 올라간 항룡亢龍에 대해 '너무 높이 올라갔기 때문에 교만과 욕심이 하늘을 찌르고 더 이상 꼭대기가 없어 상대방을 존중할 줄 몰라 반드시 후회하게 되어있다.'라고 가르칩니다. "다 배웠노라고 교만해진 자는 반드시 재앙을 당하게 된다."라고 경고한 공자의 가르침도 같은 이치입니다. (박수일·송원찬 저, '새기고 싶은 명문장'에서)

똑똑한 메모로 뇌를 춤추게 하라

기억하는 뇌는 머리에 있지만 기록하는 뇌는 손에 있다. 잊지 않고 내 것으로 소화시키기 위해서는 몸이라는 방부제를 써야 한다.

– 여훈, '최고의 선물'에서

촌철활인 | 한 치의 혀로 사람을 살린다

역대의 천재 대부분은 메모광이었습니다. 시대를 선도하며 성공한 사람들 역시 메모습관을 가지고 있었습니다. 전문가들은 "창의력과 기억력을 돕기 위해 메모를 하지만, 사실은 메모를 할수록 뇌가 자극을 받고 활성화되는 효과가 있다." 주장합니다. 히든 챔피언이라는 책으로 유명한 헤르만 지몬 역시 "많은 아이디어는 당장 사용할 수 없을 때에 떠오른다. 그것들을 적어 두어야만 활용할 수 있다."라고 메모의 중요성을 강조합니다.

3 PART

학습하는 즐거움

평생학습을 즐겨라

경험을 확충하라. 세상 모든 것으로부터 배워라

평생학습을
즐겨라

이 세상에 존재하는 오직 하나의 부

내가 나이가 들어감에 따라 나는 이 세상에는 오직 하나의 부가 있을 뿐이라는 것을 더 분명하게 느낀다. 그 부란 사람이 일을 보다 잘 수행할 수 있는 능력이다.

– 링컨

촌철활인 | 한 치의 혀로 사람을 살린다

부는 능력으로부터 유래한다는 지금 보면 평범한 얘기입니다. 조금 더 나가면, 돈을 벌기 위한 노력보다는 능력을 배양하기 위한 노력을 해야 한다는 의미로 해석되고, 회사 차원에서도 종업원의 능력 배양과 지식자산, 기술 축적에 힘써야 한다는 의미로 확대 해석할 수 있습니다. 그러나 진정 놀라운 것은, 오늘날의 미국을 만드는 데는 150년 전에 이런 선각자가 있었다는 사실입니다.

Gold는 황금이 아니라 지식이었어

우그하 언어로는 황금(gold)이 보물을 뜻하지만 그들의 보물은 황금이 아니었어. 그들에게는 지식이 보물이었어.

— 영화 '인디아나 존스'에서

촌철활인 | 한 치의 혀로 사람을 살린다

영화 '인디아나 존스 – 크리스탈 왕궁의 해골'에서 주인공 해리슨 포드가 엔딩 부분에서 한 명대사입니다. "Knowledge was their treasure." 정신이 바짝 들 만큼 멋진 대사였습니다.

리더는 많이 알아야 한다

리더가 되려면 일단 많이 알아야 한다. 산에 올라가는 등반대 대장이 산을 모른다면, 대원들을 끌고 갈 수 없다. 대장의 자신감과 통찰력은 산에 대한 경험과 지식이 뒷받침되어야 가능하다. 산을 제대로 알지 못하면서 의욕만 가지고 덤비는 사람을 산은 가만히 두지 않는다.

— 엄홍길(전문 산악인)

촌철활인 | 한 치의 혀로 사람을 살린다

물론 리더가 모든 것을 다 알 수도, 그럴 필요도 없습니다. 그러나 다른 사람의 머리를 잘 빌려 쓰기 위해서라도 리더는 필요한 만큼은 확실히 알고 있어야 합니다. 통찰력에 기반한 방향(비전) 설정만큼은 누구에게도 위양할 수 없는 리더의 고유 역할이기 때문이고, 또한 자기 분야에 대한 확실한 지식이야말로 구성원에게 긍정적인 영향력을 주는 리더십의 근간이기 때문입니다.

현대는 지식의 반감기

현대는 지식의 반감기이다. 작년에 익힌 새로운 지식도 올해에는 절반의 효과밖에 볼 수 없고, 내년에는 4분의 1, 내후년에는 8분의 1로 줄어들고, 결국 아무 쓸모가 없어진다. 아무리 훌륭한 교육을 받은 사람도 3년만 공부를 하지 않으면 그 사람이 가지고 있는 지식은 무용지물이 된다.

— 문국현, '대한민국 희망보고서 유한킴벌리'에서

촌철활인 | 한 치의 혀로 사람을 살린다

지식정보사회에서는 학벌, 학위, 근속연수, 연고, 자격증보다 훨씬 더 중요한 것이 누가 어떤 지식과 경험을 가지고 있느냐 하는 것입니다. 한편, 지식사회가 진전될수록 경영학 등 실용적 지식의 반감기는 더욱 짧아지고 있습니다. 평생학습이 현대를 살아가는 모든 이에게 필수적일 수밖에 없는 이유입니다.

기적은 훈련이 만든다

인생에는 두 가지 고통이 있다. 하나는 훈련의 고통이고, 또 하나는 후회의 고통이다. 훈련의 고통은 가볍지만 후회의 고통은 무겁다. 기적은 훈련이 만든다. 2차 세계 대전 당시 롬멜 장군은 "사령관이나 군대가 병사에게 해줄 수 있는 가장 큰 복지는 훈련이다."라고 말했다.

— 한근태 저, '나는 어떤 리더인가'에서

촌철활인 | 한 치의 혀로 사람을 살린다

탁월함은 훈련과 습관이 만들어낸 작품입니다. 위대한 사람은 많은 사람들이 밤에 단잠을 잘 적에 일어나서 괴로움을 이기고 일에 몰두했던 사람들입니다. 끝없는 훈련을 통해 매주 1%씩 개선한다면 5년 안에 14배라는 경이로운 향상 효과를 얻을 수 있습니다.

독수리도 기는 법부터 배운다

　태어날 때부터 전문가인 사람이 어디 있는가. 누구든지 처음은 있는 법. 독수리도 기는 법부터 배우지 않는가. 처음이니까 모르는 것도 많고 실수도 많겠지. 오늘의 나와 내일의 나만을 비교하자. 나아감이란 내가 남보다 앞서가는 것이 아니고, 현재의 내가 과거의 나보다 앞서 나가는 데 있는 거니까. 모르는 건 물어보면 되고 실수하면 다시는 같은 실수를 하지 않도록 하면 되는 거야.

― 한비야, '지도 밖으로 행군하라'에서

촌철활인 | 한 치의 혀로 사람을 살린다

　한비야 님이 나이 마흔에, 경험이 전무한 긴급구호요원으로 첫발을 내딛으며 스스로에게 힘을 불어넣은 일종의 셀프토크self-talk입니다. 그녀는 '무진장 떨리고 걱정이 태산 같은 상황에서, 나이 같은 건 잊고 세 달간 죽었다고 생각하고 모든 상황과 사람을 스승 삼아 열심히 배우는 것만이 살길이다.'라고 되뇌면서 각오를 새롭게 했다고 전합니다.

젊어서 배우지 않으면

일생의 계획은 젊은 시절에 달려 있고, 일 년의 계획은 봄에 있고, 하루의 계획은 아침에 달려 있다. 젊어서 배우지 않으면 늙어서 아는 것이 없고, 봄에 밭을 갈지 않으면 가을에 바랄 것이 없으며, 아침에 일어나지 않으면 아무 한 일이 없게 된다.

— 공자

촌철활인 | 한 치의 혀로 사람을 살린다

일본 유학자 사토 잇사이는 "젊어서 배우면 어른이 되어 훌륭한 일을 할 수 있다. 어른이 되어서 배우면 늙어서 보잘것없이 쇠하지 않는다. 늙어서 배우면 썩지 않는다."라고 평생학습의 중요성을 강조했습니다. 배우기엔 너무 늦었다고 생각하는 사람이 있을 것입니다. 그러나 인생에서 너무 늦은 것은 없습니다.

21세기 문맹자는

21세기의 문맹자는 글을 읽을 줄 모르는 사람이 아니라, 학습하고 교정하고 재학습하는 능력이 없는 사람이다.

– 앨빈 토플러

촌철활인 | 한 치의 혀로 사람을 살린다

　급격하게 변화하는 지식 사회에서 학습을 멈추면 나이에 관계없이 이미 늙은 사람입니다. 반대로 끊임없이 배우는 자는 나이와 관계없이 누구나 젊은 사람입니다. 마찬가지로 현대 지식사회에서 학벌과 학력이 갖는 의미는 점차 희석되고 있습니다. 끊임없는 학습과 현장에서의 적용을 통한 개선과 발전이 학벌과 학력보다 훨씬 중요합니다.

승자와 패자

승자는 다른 사람들이 그를 전문가라고 생각할 때조차도 자신이 얼마나 더 배워야 하는지 알고 있다. 패자는 자신이 아는 것이 얼마나 적은지 알기도 전에 다른 사람들이 자신을 전문가로 여겨주기를 바란다.

― 시드니 해리스(미국 저널리스트)

촌철활인 | 한 치의 혀로 사람을 살린다

학습능력이 무엇보다 중요한 시대가 되었습니다. 학습능력은 역량의 문제가 아닌, 태도의 문제입니다. 자신이 뛰어나다고 생각하는 사람들의 학습욕구가 일반적으로 낮다는 연구결과도 있습니다. 로마 학자인 카토는 80살이 넘어서 어려운 그리스어 공부를 시작한 이유를 묻자 "나한테는 남은 날 중 가장 **빠른** 나이입니다."라고 말했다고 합니다.(존 맥스웰 저, '최고의 나'에서)

분명한 두 가지 사실

다음 두 가지는 그래도 분명한 것 같았다. 하나는 미시시피 강 수로 안내인이 되기 위해서는 통상 알고 있어야 하는 것보다 더 많은 것을 알고 있어야 한다는 것, 그리고 다른 하나는 매일 다른 방식으로 그것을 다시 배우고 익혀야 한다는 것이었다.

— 마크 트웨인, '미시시피 강의 생활'에서

촌철활인 | 한 치의 혀로 사람을 살린다

  130년 전 이야기입니다. 그러나 다음처럼 여러분이 되고 싶은 것을 대치해 보면 오늘의 내 이야기가 됩니다. 'ㅇㅇㅇ이 되기 위해서는 통상 알고 있는 것보다 더 많이 알고 있어야 하며, 또한 ㅇㅇㅇ이 되기 위해서는 매일 다른 방식으로 그것을 다시 배우고 익혀야 합니다.'

배움에 고파하라
성장하지 않으면 곧 퇴보한다

배움에 고파하라. 그럼 결코 굶주리지 않을 것이다. 성장하지 않으면 퇴보한다. 아무리 잘 훈련된 운동선수라 하더라도 훈련을 중단하면 72시간부터는 운동능력이 감소하기 시작한다.

– 브라이언 트레이시

촌철활인 | 한 치의 혀로 사람을 살린다

배우지 않으면 지적능력 역시 퇴보합니다. 80:20 법칙을 연구한 한 학자에 따르면 하위 80% 사람들은 10년간 새로운 기술을 배우지 않는다고 합니다. 배움은 곧 즐거움이요, 끊임없이 성장하는 에너지의 원천입니다.

발전을 멈추면 그것이 곧 죽음이다

인생이란 다듬기 나름이다. 보보시도량(步步是道場), 이것이 인생이다. 나는 가끔 이 말을 되새겨 본다. 사람은 늙어서 죽는 것이 아니다. 한 걸음 한 걸음 길을 닦고 스스로 닦아 나가기를 멈출 때 죽음이 시작되는 것이라는 생각이 든다.

— 이병철(삼성 창업회장)

촌철활인 | 한 치의 혀로 사람을 살린다

이병철 회장은 "모든 사람들이 공부하고 발전하는 것은 인간으로서 당연한 길이다. 이런 자기발전을 하지 않고 게으름을 피우는 것은 스스로 자신과 남까지 파멸시키는 인간 이하의 행위이다."라고 강력한 어조로 자기 계발의 중요성을 강조하고 있습니다. 끊임없는 자기 계발과 변화는 이제 선택이 아니라 필수입니다.

현명한 리더와 어리석은 리더의 차이

현명한 군주는 항상 자기에게 단점이 있음을 염두에 두어 반성함으로써 나날이 좋아지지만, 어리석은 군주는 자기의 단점을 옹호하여 더욱더 어리석어진다.

– 당태종

촌철활인 | 한 치의 혀로 사람을 살린다

어떤 직업에 오래 종사하다 보면 자기가 잘하고 있다는 자만심이 커집니다. 자만심은 더 이상의 배움을 거부합니다. 자신이 모른다는 것을 아는 사람은 배울 수 있는 사람이고, 자신이 모른다는 것을 모르는 사람은 배울 수 없는 사람입니다. 충고나 조언이 모두 자신을 살찌우는 영양제라 생각하는 사람이야말로 훌륭한 리더로 성장해 나갈 수 있습니다.

배우기를 멈추고
호기심을 잃을 때가 곧 죽음이다

맹자에 적자지심(赤子之心)이 나온다. 갓난아이의 마음을 잃지 않는 사람이 대인이라는 의미다. 권위가 생기고 지위가 높아질수록 어린아이 같은 순수한 마음을 가지고 있어야 한다. 어린아이의 특성은 항상 배우고 싶어 한다는 것이다. 호기심을 잃어버린 사람은 이미 대인이 아니다.

— 황병기(가야금 명인)

촌철활인 | 한 치의 혀로 사람을 살린다

괴테는 "흥미와 관심, 호기심이 인생을 충만하게 한다. 이것을 잃는다면 인생에는 아무것도 남지 않게 된다."라고 말했습니다. 김대중 전 대통령은 "인간이 배우기를 멈추고 호기심을 잃어버릴 때가 곧 죽음이다."라고 했습니다.

젊음과 늙음을 구분하는 법

스무 살에 중단하든 일흔 살에 중단하든 배움을 중단하는 사람은 노인이 된다. 배움을 계속하는 사람은 젊은이로 남을 뿐 아니라 신체적 능력에 관계없이 더욱 가치 있는 사람이 된다.

– 하비 울먼

촌철활인 | 한 치의 혀로 사람을 살린다

"가장 탁월한 인물은 자기연마와 공부를 멈추지 않았던 사람, 지금도 멈추지 않는 사람을 말한다. 노력 없이는 아무것도 얻을 수 없다. 인생은 영원한 공부다." 샤를르 페기Charles Peguy의 글을 함께 보내드립니다.

공부를 해야 비로소 사람이랄 수 있다

나무는 먹줄을 따르면 곧아지고 쇠는 숫돌에 갈면 날카로워진다. 이렇듯 군자도 매일 성찰해야 앎이 밝아지고 행동에 허물이 없게 된다. 학문이란 죽은 뒤에야 끝나는 것이다. 학문의 방법에는 끝이 없지만, 그 뜻은 잠시라도 내려놓을 수가 없다. 학문을 하면 사람이고, 학문을 하지 않으면 짐승이다.

— 순자, '권학' 편

촌철활인 | 한 치의 혀로 사람을 살린다

성악설로 유명한 순자는 사람은 배우지 않으면 악한 습성이 그대로 나오고, 배워야 비로소 인간이 된다고 주장합니다. 더 나아가 배우고 또 배우다 보면 어느새 가능성이 극대화되어 진정한 인간, 성인이 될 수 있기에 배움을 그만두어서는 안 된다고 말합니다. (윤지산, '고사성어 인문학 강의'에서)

하루 네 끼 식사와 5% 재(才)테크

나는 하루에 밥을 네 끼 먹으라고 충고한다. 3번은 밥을 먹고, 나머지 한 번의 식사는 활자로 하라는 말이다. 하루에 적어도 30분은 뭔가를 읽는데 할애하는 습관을 가져야 한다. 이 습관의 누적효과는 대단히 크다. 또한 자신의 수입에서 5%는 이 세상에서 가장 소중한 자신의 가치를 높이는 데 투자해야 한다. 돈을 불리는 財테크도 좋지만, 그전에 자신을 계발하는 才-테크에 투자하면, 결과적으로 재산도 늘어난다.

— 출처 미상, 일본 자기계발서에서

촌철활인 | 한 치의 혀로 사람을 살린다

뛰어난 사람들에게는 공통적 특징이 있습니다. 그것은 바로 매일 자기혁신을 게을리하지 않는다는 점입니다. 才-테크와 학습을 소홀히 하는 리더는 이제 존재 자체가 힘들어집니다.

젊은이는
돈을 모으지 말고 써야 한다

지위 향상을 위해 재산을 아끼지 마라. 젊은이가 해야 할 일은 돈을 모으는 것이 아니라 그것을 사용하여 장차 쓸모 있는 사람이 되기 위한 지식을 모으고 훈련하는 것이다. 은행에 넣어둔 돈은 당신에게 아무것도 주지 못한다. 자신의 발전을 위해 돈을 써라. 유용한 일에 쓰고도 돈이 남는다는 것은 노인들이나 할 소리다.

— 헨리 포드

촌철활인 | 한 치의 혀로 사람을 살린다

이제는 평생 동안(특히 젊을 때는) 재財테크보다 재才테크에 치중해야 하는 시대가 되었습니다. 고3보다 더 열심히 공부하는 직장인이 많아질 때 우리는 세계 일등국이 될 수 있습니다. 자기계발을 위한 십일조 투자를 권해 드립니다.

손에서 책을 놓지 마십시오

할 수 있는 만큼 무모한 사람이 되십시오. 대담하고 용감한 사람이 되세요. 그리고 손에서 책을 놓지 마십시오. 시도 좋고 소설도 좋습니다. 텔레비전은 잠시 꺼두십시오. 여러분 입에서 '책을 읽을, 음악을 들을, 미술관에 갈, 영화를 볼 시간이 없어'라는 말이 나오는 순간 이미 노화가 시작된 것입니다.

— 바버라 부시(전 미국 영부인), '엑설런스'에서

촌철활인 | 한 치의 혀로 사람을 살린다

"앞으로 더 열심히 일하고 훈련을 쌓읍시다. 독서량을 늘리고 생각을 합시다. 이제는 우리의 나쁜 습관을 버려야 합니다. 우리 아이들도 텔레비전과 게임기를 끄고 책을 읽게 합시다." 버락 오바마의 호소입니다. 여야를 막론하고 지도자들이 책을 읽자고 역설하는 모습이 부럽습니다.

우리는
우리가 읽은 것으로 만들어진다

그가 지금 무슨 책을 읽고 있는가를 보면 그를 알 수 있다. 3년 후, 10년 후 어떤 사람이 될지는 어떤 책을 읽느냐가 중요한 요소로 결정될 것이다. 우리는 우리가 읽은 것으로 만들어진다.

– 마더 말러

촌철활인 | 한 치의 혀로 사람을 살린다

"오늘 배우지 아니하고 내일이 있다고 말하지 말며, 올해 배우지 아니하고 내년이 있다고 말하지 말라." 주자의 가르침입니다. 사회학자 벤저민 바버는 "나는 세상을 강자와 약자, 성공과 실패로 나누지 않는다. 나는 세상을 배우는 자와 배우지 않는 자로 나눈다."라고 말합니다. 독서와 끝없는 학습, 이것이 동서고금을 통해 강조되어온 성공의 첩경임을 알 수 있습니다.

남보다 더 공부하라

내가 자랄 때만 해도 "밥 남기지 마라. 중국아이들은 굶고 있어."라는 어머니의 말씀을 들었지만, 나는 지금 딸아이에게 이렇게 말한다. "더 열심히 공부해라. 중국과 인도 아이들이 네 직업을 넘보고 있어."

— 토머스 프리드먼

촌철활인 | 한 치의 혀로 사람을 살린다

경영의 구루, 톰 피터스 저 '리틀 빅씽'에 나오는 이야기입니다. 톰 피터스는 이렇게 외칩니다. "공부하라. 정말 공부하라. 27세도 공부하고 47세도 공부해야 한다. 나처럼 내일 모레 칠순인 사람도 공부해야 한다. 공부하라!"

리더와 독서

내가 살던 마을의 작은 공립 도서관이 오늘의 나를 만들었다. 나는 오늘날까지 아무리 바빠도 매일 한 시간씩, 주말에는 두세 시간씩 책을 읽는다.

— 빌 게이츠

촌철활인 | 한 치의 혀로 사람을 살린다

리더와 독서는 떼려야 뗄 수 없는 관계입니다.(존. F. 케네디 대통령) 책을 읽는다고 모두 지도자가 되는 것은 아니지만, 모든 리더는 책벌레임에 틀림없습니다.(해리 트루먼 대통령) 리더는 평생 여러 방법을 통해 배우는 것을 멈추지 않습니다. 그중에서도 인류의 모든 지혜가 녹아있는 책은 동서고금을 통틀어 최고의 스승입니다.

모든 리더(Leader)는 리더다(Reader)

모든 독서가(Reader)가 다 지도자(Leader)가 되는 것은 아니다. 그러나 모든 지도자는 반드시 독서가가 되어야 한다(Not all readers are leaders, but all leaders must be readers).

– 해리 트루먼(Harry S. Truman)

촌철활인 | 한 치의 혀로 사람을 살린다

대부분의 리더는 호기심이 무척 강한 편이며 자기 성찰을 통해 능력을 계발합니다. 또한 리더는 평생 여러 방법을 통해 배우는 것을 멈추지 않습니다. 인류의 모든 지혜가 녹아 있는 책은 동서고금을 통틀어 최고의 스승입니다. 따라서 리더와 독서는 떼려야 뗄 수 없는 관계입니다.

비범한 사람들의 특징

비범한 사람들은 첫째, 경험한 크고 작은 사건들을 자신의 삶에 반영하는 능력이 다른 사람에 비해 뛰어나다. 둘째, 자신의 강점을 인식하고 개발하는 능력이 뛰어나다. 셋째, 때때로 실패를 경험하지만 포기하지 않고, 역경에서 무언가를 배우고자 하며, 패배를 기회로 전환하는 특징이 있다.

– 하워드 가드너(하버드 대학 교수)

촌철활인 | 한 치의 혀로 사람을 살린다

　비범한 사람들은 타고난 재능으로 성공한 사람들이 아닙니다. 경험에서 학습하며 강점으로 승부하고, 실패에서 배우는 특징을 가지고 있는 사람들입니다. 처한 여건이나 갖춘 재능에 관계없이 누구든 이런 특징대로 살아가면 얼마든지 비범한 사람으로 거듭날 수 있다는 희망의 메시지입니다. 실력은 꾸준한 노력에 다름 아닙니다.

평생학습은 당신을 젊게 할 것이다

평생학습은 당신을 젊게 할 것이다. 평생학습을 하게 되면 뇌세포가 늙지 않는다. 뇌세포가 건강하면 육체적으로도 건강을 유지할 수 있다. 사람은 호기심이 없어지면서부터 늙는다. 배우면 젊어지고 삶을 즐길 수도 있게 된다.

— 피터 드러커

촌철활인 | 한 치의 혀로 사람을 살린다

지난 수십 년간 우리나라의 발전은 부모의 남다른 자녀교육열에 힘입은 바가 큽니다. 그러나 이제는 20대 중반까지의 자녀 교육열에서 모든 국민의 전 생애에 걸친 교육과 학습으로 교육열의 개념과 정책이 바뀌어야 합니다. 동방학습지국東方學習之國, 우리가 만들어갈 미래입니다.

잠재력 계좌와 예금계좌

잠재력은 오래 두면 둘수록 그 능력은 계속 감퇴된다. 사용하지 않은 잠재력은 곧 사라져 버린다. 잠재력을 키우기 원한다면 그것을 계발해야 한다. 잊지 마라. 가만히 놓아두고 시간을 보내면 조금도 남지 않는다.

— 존 맥스웰, '성공이야기'에서

촌철활인 | 한 치의 혀로 사람을 살린다

　예금계좌는 시간이 지날수록 원금에 계속해서 이자가 붙습니다. 그 돈을 쓰지 않고 오래 두면 둘수록 그 돈의 액수가 불어납니다. 잠재력은 예금계좌와는 정반대로 작용합니다. 다행히 인간의 잠재력은 무한합니다.

내가 배움을 멈추지 않는 이유

이미 알고 있는 지식이 차지하는 부분을 원이라고 한다면 원 밖은 모르는 부분이 됩니다. 원이 커지면 원의 둘레도 점점 늘어나 접촉할 수 있는 미지의 부분이 더 많아지게 됩니다. 지금 저의 원은 여러분들 것보다 커서 제가 접촉한 미지의 부분이 여러분보다 더 많습니다. 모르는 게 더 많다고 할 수 있지요. 이런데 어찌 게으름을 피울 수 있겠습니까?

— 앨버트 아인슈타인

촌철활인 | 한 치의 혀로 사람을 살린다

아인슈타인 박사가 어느 날 한 학생으로부터 "선생님은 이미 그렇게 해박한 지식을 가지고 계신데 어째서 배움을 멈추지 않으십니까?"라는 질문을 받고 답한 내용입니다. 조금 안다고 생각하는 사람들, 즉 유식한 사람들은 그 아는 것으로 승부하려는 경향이 있습니다. 아인슈타인은 왜 배울수록 더 공부를 해야 하는지에 대한 뼈 있는 가르침을 우리에게 주고 있습니다.

학력(學歷)이 아닌
학력(學力)으로 승부하라

실천하는 학식을 학력(學力)이라고 한다. 그런데 요즘 젊은이들은 학력(學歷)만 집착한다. 학력(學歷)에 의존하면 사회생활에서 가장 소중한 인간됨을 망각하고 구렁텅이에 빠지고 만다.

– 신용호, '길이 없으면 길을 만들며 간다'에서

촌철활인 | 한 치의 혀로 사람을 살린다

독학으로 공부한 신용호 교보생명 창업회장은 이력서의 학력學歷란에 "배우면서 일하고, 일하면서 배운다."라고 했습니다. 학력學歷은 과거의 일이고 학력學力은 미래에 관한 일입니다. 학력學歷은 바꾸기 어려운 반면 學力학력은 얼마든지 키울 수 있습니다. 끝없이 변화하는 지식사회를 살아가는 우리에게 필요한 것은 學歷학력이 아니라 學力학력입니다.

끝없이 배워도 부족하다

지식은 보잘것없으면서 스스로 다 안다고 말하는 자는 반드시 크게 부족한 사람이다. 지난날 다 알지 못하던 것을 깨닫고 나면 반드시 오늘 내가 아는 것이 다 아는 것이 아님을 문득 깨닫게 된다. 스스로 다 안다고 말하는 사람은 오래도록 지식에 진전이 없었던 사람이다.

— 홍길주, '수여연필(睡餘演筆)'에서

촌철활인 | 한 치의 혀로 사람을 살린다

다산 정약용 선생은 "가득 차면 반드시 망하고 겸허하면 반드시 존경받는다. 스스로 높다고 여기면 남이 끌어내리고 스스로 낮다고 여기면 남들이 끌어 올려준다."라고 역시 겸손의 중요성을 강조한 바 있습니다.

이익보다 먼저 챙겨야 할 일

한때는 사업의 주요 목표가 이윤을 창출하고 상품을 생산하는 것이었다. 이제는 가장 우선적 목표가 효율적인 학습조직이 되는 것이다. 이윤이나 상품이 더 이상 중요하지 않다는 의미가 아니라, 지속적인 학습을 하지 않는다면 이윤과 상품을 만들어내는 것이 더 이상 불가능하다는 것이다.

— 해리스 오웬(Harrison Owen)

촌철활인 | 한 치의 혀로 사람을 살린다

오늘날 지식정보는 도처에서 끊임없이 생산되며, 3~4년마다 두 배로 증가하고 있습니다. 따라서 조직 내 학습역량이 외부 지식 변화보다 늦은 조직은 결국 소멸하게 됩니다. 지속적 학습의 지는 이제 부의 창출에 있어 가장 중요한 원재료이자, 조직과 개인의 경쟁우위의 핵심원천이 되었습니다. 공부를 많이 하는 개인과 회사가 성공한다는 것은 자명한 진리가 된 것입니다.

경험을 확충하라
세상 모든 것으로부터 배워라

길이 험할수록 가슴이 뛴다

등산의 기쁨은 정상에 올랐을 때 가장 크다. 그러나 나의 최상의 기쁨은 험악한 산을 기어 올라가는 순간에 있다. 길이 험하면 험할수록 가슴이 뛴다. 인생에 있어 모든 고난이 자취를 감췄을 때를 생각해보라! 그 이상 삭막한 것이 없으리라.

— 니체, 유영만 저 '니체는 나체다'에서

촌철활인 | 한 치의 혀로 사람을 살린다

김은주 님의 '1cm'라는 책에 나오는 좋은 글을 함께 보내드립니다. "삶을 돌아보게 하는 것은 죽음이고, 웃음을 값지게 하는 것은 눈물이고, 사랑을 성숙하게 만드는 것은 이별이다. 삶에는 어느 것 하나 버릴 것이 없다. 모든 경험은 인생에 관한 수업이다."

평생학습을 돕는 4가지 습관

평생학습을 하는 사람은 성공한다. 그런데 그 평생학습을 돕는 정신적인 습관에는 네 가지가 있다. 첫째, 안일함을 자진해서 반납하는 태도이다. 둘째, 항상 자신을 낮추고 자기 잘못을 반성하는 태도이다. 셋째, 열린 마음으로 인생을 보고자 하는 의지다. 넷째, 항상 다른 사람의 이야기를 끝까지 경청하는 태도가 바로 그것이다.

– 존 코터(하버드대 교수)

촌철활인 | 한 치의 혀로 사람을 살린다

　유태인 지혜의 보고인 탈무드에도 "지금까지 얼마나 많이 배웠는가보다는 앞으로 얼마나 배우려는 의지를 가지고, 학습에 투자하느냐에 따라 개인과 조직의 성패가 좌우될 것"이라는 내용이 포함되어 있습니다.

성공하려면 네 가지 기를 실천하라

암초가 나타날 때마다 젊은 기개로 극복하라. 기(氣)를 살려라. 조직의 기본을 익혀야 한다. 기(基)는 다질수록 넓어지고 튼튼해진다. 맡은 업무에 대한 기능, 기술을 늘려야 한다. 기(技)는 연마할수록 돋보인다. 메모장을 항상 몸에 지니고 다니며 상사의 지시나 업무 아이디어를 메모하라. 기(記)는 지식의 원천이다.

— 고승철(동아일보 편집부국장)

촌철활인 | 한 치의 혀로 사람을 살린다

특히 마지막 기(記)에서 적자생존, 즉 '적는 사람이 살아남는다'는 말이 새롭습니다. 남들이 모르는 대단한 성공 비결이 있다기보다는 '남들도 아는 성공의 법칙'을 잘 정리해서 이를 꾸준히 실천하는 데 진정한 성공의 비밀이 있다는 생각을 많이 해 봅니다.

여러 가지 책을 읽는 이유

나는 매일 밤 독서를 한다. 대중적 신문이나 잡지 외에 적어도 한 가지 이상의 주간지를 처음부터 끝까지 읽는 습관이 있다. 만일 내가 과학과 비즈니스 등 관심 분야의 책만 읽는다면, 책을 읽고 나서도 내게 아무런 변화가 일어나지 않을 것이다. 그래서 모든 분야의 책과 잡지를 읽는다.

— 빌 게이츠

촌철활인 | 한 치의 혀로 사람을 살린다

작가 신봉승 선생님은 '문사철文史哲 600'을 강조하십니다. 지식인이나 교양인이 되기 위해서는 30대가 끝나기 전에 문학책 300권, 역사책 200권, 철학책 100권은 마스터해야 한다는 것입니다. 최근 들어 특히 경영의 대가 분들이 인문학의 중요성을 크게 강조하고 있습니다. 인문학의 위기가 아닌, 인문학 부흥의 시기가 도래할 거라 믿습니다.

내 인생을 바꿀 한 권의 책을 만나자

두 가지에서 영향 받지 않는다면 우리 인생은 5년이 지나도 지금과 똑같을 것이다. 그 두 가지란 우리가 만나는 사람과 우리가 읽는 책이다.

— 찰스 존스(동기부여 연설가이자 작가)

촌철활인 | 한 치의 혀로 사람을 살린다

'한 시간이 주어지면 책을 읽고 한 달이 주어지면 친구를 사귀어라'라는 말이 있습니다. 좋은 사람을 만나면 인생이 바뀌게 됩니다. 책은 짧은 시간 안에 과거와 현재, 시공을 뛰어넘어 훌륭한 사람들을 만나게 해주는 최상의 도구입니다. 유명 작가 디팩 초프라는 책이 사람을 변화시키는 위력을 발휘하는 이유로 '멈춰서 돌아볼 기회를 준다'는 점을 꼽았습니다. '좋은 사람을 만나고' '멈춰서 돌아보면서' 우리는 조금씩 성장합니다. 우리는 우리가 읽는 대로 만들어집니다.

경험과 독서, 그리고 사색

우리가 입을 통해 음식물을 먹을 수 있다는 단 한 가지 사실만 떠올리며 위장보다 입을 중요하게 생각하는 것처럼, 많은 사람들이 경험을 통해 여러 가지 사실들을 발견할 수 있었다는 이유로 사색보다 경험을 더 중요하게 여긴다.

– 쇼펜하우어

촌철활인 | 한 치의 혀로 사람을 살린다

지식 습득에 있어 경험과 독서만큼 좋은 것은 없습니다. 그러나 그것이 단순히 인풋input에서 끝나는 것이 아닌 사색을 통해 내 것으로 소화시켜야만 진정한 영양분으로 변화될 수 있습니다. 독서와 사색의 관계는 음식물을 먹는 입과 이를 소화시키는 위장의 관계에 비유할 수 있습니다. 생각하는 독서, 생각하는 습관이 중요합니다.

내가 소설을 즐겨 읽는 이유

대부분의 경영학 서적들은 답을 제시한다. 반면에 대부분의 소설들은 '위대한 질문'을 던져준다. 그것이 내가 가르침을 얻기 위해 소설을 즐겨 읽는 이유이다.

– 톰 피터스, '미래를 경영하라'에서

촌철활인 | 한 치의 혀로 사람을 살린다

유태인들은 "오늘 학교에서 무엇을 배웠니?"라고 묻기보다는 "오늘 학교에서 어떤 질문을 했니?"라고 자녀들에게 묻는다고 합니다. 답이 아닌 질문을 통해 배우는 것이 진짜 배움입니다. 질문이 생각하는 힘을 키워주기 때문입니다.

세 개의 거울에 자신을 비추어 보라

사람은 거울에 자신의 모습을 비추어 보아 의관을 제대로 바로잡을 수 있다. 또 역사를 거울로 삼으면 시대의 흐름과 국가의 흥망성쇠를 알 수 있으며, 사람을 거울로 삼으면 그 사람을 모범으로 하여 선악을 판단할 수가 있다. 나는 항상 이 세 개의 거울로 나의 잘못을 고쳐왔다. 이제 위징을 잃으니 마침내 하나의 거울을 잃어버린 셈이다.

– 당태종

촌철활인 | 한 치의 혀로 사람을 살린다

당태종이 정관의 치를 이룰 수 있었던 것은 노여움을 두려워하지 않고 간언할 수 있는 충신 '위징'이 있었기 때문입니다. 그러나 신하들이 직언할 수 있는 분위기를 조성하고, 부하들이 지적해 준 허물을 고칠 수 있도록 스스로 도량을 키운 당태종의 리더십 또한 본받을 만합니다.

가르치며 배우는
교학상장(敎學相長)의 지혜

사람이 무언가를 배운 후 48시간이 지나서 얼마나 기억하는지를 실험해 보았다. 읽기만 하는 경우에 사람들은 10% 정도 기억하고, 보고 들은 경우에는 50%, 그리고 다른 사람에게 가르친 경우엔 90%까지 기억하고 있었다. 가르치는 것이 곧 배우는 것이다.

— 에드거 데일(교육학자)

촌철활인 | 한 치의 혀로 사람을 살린다

예기禮記에는 '스승은 학생에게 가르침으로써 성장하고 제자는 배움으로써 진보한다'는 의미의 교학상장敎學相長이 나옵니다. 영어에는 'Learning by teaching'이라는 표현이 있습니다. 알고 있는 지식을 혼자 간직하지 않고 남과 나눔으로써 나의 지식도 더욱 커지는 기쁨을 맛볼 수 있습니다.

큰 의심이 없는 자는 큰 깨달음이 없다

큰 의심이 없는 자는 큰 깨달음이 없다. 의심을 품고 말을 얼버무리기보다는 자세히 묻고 분별을 구하는 것이 좋으며, 낯빛을 따라 구차스레 비위를 맞추기보다는 차라리 말을 다하고 돌아가는 것이 낫다.

– 홍대용, '담헌서'에서

촌철활인 | 한 치의 혀로 사람을 살린다

선가(禪家)에서도 "크게 의심하면 반드시 큰 깨달음이 있다." 가르칩니다. 노벨상 수상자 아론 치에하노베르는 창의성을 키우기 위해 가장 해주고 싶은 조언으로 "아무것도 믿지마."라고 했습니다. 진리의 적은 확신이라는 말을 다시 새겨봅니다.(박수밀·송원창 저, '새기고 싶은 명문장'에서)

질문하는 성격이
나를 성공으로 이끌었다

모든 일에 질문을 던지는 성격 덕분에 지금의 성공을 이룰 수 있었다. 나는 통념에도 의문을 품었고 전문가들의 말에도 질문을 던졌다. 이런 성격 때문에 부모님과 선생님들이 고생이 많았다. 그러나 이는 인생에서 꼭 필요한 성격이다.

– 래리 엘리슨(오라클 창업 회장)

촌철활인 | 한 치의 혀로 사람을 살린다

경영사상가 톰 피터스는 "대부분의 경영학 책은 정답을 제공한다. 그러나 위대한 소설들은 질문을 던져준다. 그것이 내가 가르침을 얻기 위해 경영학 대신 소설을 즐겨 읽는 이유이다."라고 말했습니다. 해답보다 질문을 던지는 것이 깨달음의 원천이 됩니다.

묻지 않으면 답을 구할 수 없다

잠수함의 지휘관이 잠망경을 통해 볼 수 있는 시야는 제한되어 있다. 잠망경은 우리가 표적으로 하는 것만 보여준다. 만일 무언가를 겨냥해서 보지 않으면 그것을 볼 수 없다. 질문하는 것에 대해서만 답을 얻을 수 있다. 묻지 않으면 그 답을 구할 수 없다.

— 아비놈 샤피르(과학탐구연구소 소장)

촌철활인 | 한 치의 혀로 사람을 살린다

모든 인간의 진보는 새로운 질문에서 비롯되었다고 믿습니다.(앤서니 라빈스) 모든 답을 갖는 것보다 몇 개의 중요한 질문을 갖는 편이 낫다고 생각합니다.(제임스 터버) 위대한 학자, 과학자, 경영자들은 끊임없이 '왜'라는 질문을 던진 사람들입니다.

매일 질문하는 사람

여러분에게 이런 다섯 가지 질문을 하고 싶습니다. 나는 배우처럼 연기를 하고 있는가, 아니면 참되게 살고 있는가? 나는 지금도 선택을 하고 있는가, 아니면 선택하기를 멈추었는가? 나는 지금 나의 머리를 자극하고 마음을 사로잡는 장소에 있는가? 나는 과거에 얽매여 있는가, 아니면 미래를 계획하고 있는가? 나는 이 지구상에 무엇을 남길 것인가?

— 칼리 피오리나(휴렛 패커드 전 회장), '천재를 뛰어넘는 연습벌레들'에서

촌철활인 | 한 치의 혀로 사람을 살린다

우연히 던진 질문이 나의 삶을 바꿉니다. 때로는 그 질문이 세상을 바꾸기도 합니다. 끝없는 질주를 잠시 멈추고, 스스로에게 질문하고 자신과 대화하는 시간을 갖는 것이 필요합니다. 매일매일 그런 시간을 갖는 사람은 이미 행복한 성공을 맛보는 사람일 가능성이 높습니다.

의심 많은 바보가 세상을 바꾼다

누구나 어렸을 때는 질문을 한다. 새로운 것에 대한 지적 호기심을 갖는다. 하지만 점점 자라면서 더 이상 묻지 않는다. 더 이상 신기한 것이 없고, 어제 뜬 태양이 오늘도 뜬다는 것을 당연시하고, 그것을 의심하는 사람을 바보로 생각한다. 하지만 기억하라. 의심 많은 바보가 세상을 바꾼다는 사실을….

— 이어령, '우물을 파는 사람'에서

촌철활인 | 한 치의 혀로 사람을 살린다

묻는 사람은 5분만 바보가 되지만 묻지 않는 사람은 영원히 바보가 됩니다. 질문하지 않으면 호기심이 죽고 호기심이 죽으면 창의력이 실종됩니다. (유영만, '생각지도 못한 생각지도'에서)

끝없이 '왜'라고 물어라

이치를 따질 때에는 반드시 깊이 생각하고 힘써 탐구하여야 한다. 의심할 것이 더 이상 없는 곳에서 의심을 일으키고, 의심을 일으킨 곳에서 또다시 의심을 일으켜 더 이상 의심할 것이 없는 완전한 지경에 바짝 다가서야 비로소 시원스럽게 깨달았다고 말할 수 있다.

― 정조대왕, 안대회 저 '정조 치세어록'에서

촌철활인 | 한 치의 혀로 사람을 살린다

도요타 자동차도, 삼성 이건희 회장도 다음과 같이 다섯 번을 '왜'라고 물으라고 강조합니다. 첫째, 왜 그런가? 둘째, 이 정도로 괜찮은가? 셋째, 무언가 빠뜨린 것은 없는가? 넷째, 당연하게 생각하는 것들이 정말 당연한 것인가? 다섯째, 좀 더 좋은 다른 방법은 없는가?

최고의 전문가가 되는 손쉬운 방법

한 분야에서 1등부터 5등까지 최고의 전문가들을 만나 심층 인터뷰를 해보라. 인터뷰가 끝나면 당신이 1등이다. 당신이 최고의 전문가가 된다. 1등은 절대 2등한테 안 물어본다. 2등은 3등한테 안 물어본다. 그래서 각자 자기 것만 알고 있는 것이다. 1등부터 5등한테까지, 모든 것을 듣고 나면 답이 딱 나오게 되어있다.

— 박원순(서울시장), '희망을 심다'에서

촌철활인 | 한 치의 혀로 사람을 살린다

답을 구하는 여러 방법 가운데 하나가 관계된 전문가들을 깊이 있게 인터뷰하는 것입니다. 회사에서도 풀기 힘든 어려운 문제에 부딪힐 경우 현장 실무자들과의 심층 인터뷰에서 실마리가 발견되는 경우가 많습니다. 해답은 어딘가에 이미 존재하고 있습니다. 겸손한 마음으로 이미 존재하는 지식과 정보, 해답을 제대로 파악하는 것이 새로운 창조를 위한 첫걸음입니다.

배울 수 있는 사람,
배울 수 없는 사람

우리가 만난 최고의 경영자들은 호기심 많은 과학자처럼 끊임없이 "왜?"라는 질문을 던졌다. 그들은 만나는 사람들의 머릿속에 있는 것을 죄다 흡수해 자기 것으로 만들어야겠다는 의욕을 가진 학생이었다. 아는 사람("왜 이렇게 되는지 나는 다 알고 있어. 내가 설명해줄게.")과 학습하는 사람 사이에는 근본적인 차이가 있다.

– 짐 콜린스, '위대한 기업은 다 어디로 갔을까'에서

촌철활인 | 한 치의 혀로 사람을 살린다

자신이 모른다는 것을 아는 사람은 배울 수 있는 사람이고, 자신이 모른다는 것을 모르는 사람은 배울 수 없는 사람입니다. 결국 자신이 얼마나 많이, 그리고 무엇을 모르는지 제대로 안다는 것이 매우 중요합니다. 모르는 것을 배울 수 있는 가장 좋은 방법은 질문이고, 이를 위해서는 용기가 필요합니다.

옳은 것은 나쁜 것이다

우리는 지식과 경험에 비추어 어떤 것이 옳다고 판단한다. 지식이란 과거로부터 비롯된 것, 안전할지는 모르나 그렇기에 시대에 뒤떨어진 것일 수 있고 독창성과 상반되기도 한다. 새로운 아이디어에 자신을 열어두지 않고, 자신이 틀릴 수도 있다는 점을 인정하지 않는 것은 잘못이다. 그래서 옳은 것은 나쁜 것이다. 자신이 옳다고 생각하는 사람들은 과거 지향적이고 완고하며 우둔하고 독선적이기 때문이다.

– 이채욱(CJ 대한통운 부회장)

촌철활인 | 한 치의 혀로 사람을 살린다

우리는 과거의 학습과 경험에서 많은 것을 배워야 합니다. 그러나 과거는 언제나 참고용일 뿐입니다. 그러기에 과거, 그리고 이미 알고 있는 것에 집착해서는 안 됩니다. 오히려 많이 알고 있다는 사실을 경계할 수 있어야 합니다. 미래에도 경쟁력이 있는 사람은 매일 스스로에게 다음과 같이 물을 수 있는 사람입니다. "어제 내가 알고 있는 것이 오늘도 타당한 것인가?"

너무 많이 아는 것을 경계하라

자신이 무언가를 안다고 생각하는 것은 자신의 눈을 멀게 하는 확실한 방법이다. 배움의 속도가 서서히 느려지는 것은 우리가 성장했기 때문이 아니라 '아는 것들'이 점점 쌓여가기 때문이다.

– 프랭크 허버트, '변화를 이끄는 자 리더'에서

촌철활인 | 한 치의 혀로 사람을 살린다

지식사회에선 기 보유한 지식보다는, 배울 수 있는 능력과 배우고자 하는 의지가 경쟁력의 척도가 됩니다. 호기심, 유연성, Learning from forgetting 등도 키워드가 됩니다. "물리학자들은 더 이상 자라서는 안 되고 계속해서 호기심을 가져야 한다. 너무 많이 알면 이미 너무 많이 자란 것이다."라는 아인슈타인의 말에서 '많이 아는 것을 경계할 줄 아는 지혜'를 배웁니다.

기존의 지식을 부정하라

너희는 나의 학설을 이해하고 소화해야 한다. 그래야 성장할 수 있다. 또한 그것을 말도 안 되는 허튼소리로 생각해야 한다. 그래야 성숙할 수 있다. 몇 십 년이 흐른 후, 그때까지도 내가 가르친 것을 붙들고 있다면 너희는 이 시대의 큰 죄인이다.

— 니체, 졸업을 앞둔 제자들에게 한 충고

촌철활인 | 한 치의 혀로 사람을 살린다

새로운 지식이 급속도로 쏟아지는 오늘날에 과거의 지식을 고수한다는 것은 곧 경쟁에서 도태됨을 의미합니다. 따라서 현대 지식사회에서는 학습learning 못지않게, 의식적으로 기존에 알고 있는 것을 버리는 폐기학습unlearning이 필수라 할 수 있습니다. 니체의 가르침과 일맥상통하는 부분입니다.

잘 잊을 줄 아는 것이 중요하다

우리는 경험 속에서 오직 지혜만을 얻고 거기서 멈춰야 한다. 그렇지 않으면 뜨거운 스토브 위에 앉은 고양이처럼 될 것이다. 고양이는 뜨거운 스토브 뚜껑 위에 두 번 다시 앉지 않겠지만, 차가운 뚜껑에도 마찬가지이다.

– 마크 트웨인

촌철활인 | 한 치의 혀로 사람을 살린다

변화의 시기에는 배우려고 하는 이들이 세상을 차지합니다. 이미 배운 것에만 집착하는 사람은 더 이상 존재하지 않는 세상에 대해서만 알고 있는 것과 같습니다. (에릭 호퍼) 경험에서 얻은 지식은 고정관념을 낳게 되고 고정관념은 대부분 부정적 산출물을 낳습니다. 새로운 것을 습득하는 것과 마찬가지로, 기존의 낡은 지식을 버릴 줄 아는 언러닝unlearning이 필요합니다. 경험에서 배우되 경험에 매몰되지 않아야 합니다.

조직 열정

열정이 가득한 조직 만들기

열정이 가득한
조직 만들기

열정은 전염된다

열정적인 사람들은 어떻게든 일을 해낸다. 훌륭한 리더에게서는 주어진 일을 해내고자 하는 열정을 느낄 수 있다. 열정이 눈에 보인다. 열정적인 사람들은 다른 사람들에게 사기와 의욕을 불러일으킨다. 우리가 잘 아는 것처럼, 열정은 전염성이 있다.

— 리너드 H. 로버츠(라디오색 회장)

촌철활인 | 한 치의 혀로 사람을 살린다

역사상 모든 위대한 일 중 열정 없이 이루어진 것은 없습니다. 더군다나 사람들은 부정적인 상사보다는 자신이 하는 일에 애정과 열정을 가진 사람을 따릅니다. 한 보고서에 따르면 100명 중 99명이 긍정적으로 생각하는 사람들 옆에 있고 싶어 하며 10명 중 10명은 자신의 주위에 긍정적인 사람이 있을 때 생산성이 높아진다고 답했습니다. 리더의 열정과 낙관주의가 일으키는 파문 효과는 실로 엄청납니다.

행복한 직원이 행복한 손님을 만든다

미소가 회사의 성공을 가늠하는 척도다. 우리가 직면한 과제는 직원들의 얼굴과 손님들의 얼굴에서 미소를 보는 것이다. 그렇게 되면 최종 목표는 저절로 달성된다. 우리는 직원들을 손님처럼 대한다. 자기 직원들을 열광적인 팬으로 만들 수 없다면, 직원들이 손님들을 열광적인 팬으로 만들어주기를 어떻게 기대할 수 있겠는가?

– 테이틀만 형제(조던 퍼니처 경영자)

촌철활인 | 한 치의 혀로 사람을 살린다

만일 직원들이 회사가 하는 일에 대해 좋은 감정을 가지고 있다면, 또 제대로 보상받고 있다고 느끼면, 또 경영자가 고마워하고 있다고 느낀다면, 그들의 얼굴에 미소가 저절로 나타날 것입니다. 그렇게 되면, 그들의 미소가 자연스럽게 소비자에게 전달됩니다. 고객만족의 첫걸음은 직원의 행복입니다.

자신의 운명에
책임감을 느끼게 하려면

직원이 자신의 운명에 대해 좀 더 많이 책임감을 느끼기를 바란다면 관리자는 내적 헌신을 이끌어내야 한다. 원칙적으로 내적 헌신은 참여를 전제로 하기 때문에 권한 이양과 밀접한 관계가 있다. 직원의 내적 헌신을 원한다면 원대한 목표를 정하고 세부 목표를 수립하며 목표를 성취할 방법을 모색하는 과정에 직원들을 더 많이 참여시켜야 한다.

– 크리스 아지리스(하버드 대학 교수)

촌철활인 | 한 치의 혀로 사람을 살린다

일찍이 18세기에 영국 법리학자 윌리엄 앨턴 존스는 "가장 뛰어난 두뇌의 소유자보다는 동료의 두뇌와 재능을 조화롭게 이용하는 사람이 가장 만족스러운 결과를 얻는다."라고 말한 바 있습니다. 동료의 재능을 활용하고 싶다면 오너십을 심어주어야 하고, 이를 위해선 중요한 의사결정에 가능하면 많이 참여할 수 있는 장치를 마련하는 것이 좋습니다.

TGI Monday!를 외치게 하라

돈을 잘 벌려면 직원들을 행복하게 만들어야 하고, 직원들이 행복하게 하려면 그들의 고민이 뭔지 알고 함께 고민해주어야 한다. 회사는 일하러 오는 곳이고 개인적인 고민은 회사 밖에서 해결해야 한다는 생각은 아주 잘못된 고정관념이다. 각자의 고민거리를 회사에 와서 풀어놓고 함께 해결방안을 찾아보는 분위기를 만들어야 한다. 펀(fun)한 직장은 직원들이 TGI Friday가 아니라, TGI Monday를 외치는 곳이다.

— 진수 테리, '펀을 잡아라'에서

촌철활인 | 한 치의 혀로 사람을 살린다

유머 자문회사 매트 와인스타인은 "당신의 종업원들이 직장에 출근하는 것을 재미있어 하고, 직장에 있는 것을 행복해 하는 목소리로 전화를 받는다면 그보다 더한 경쟁력이 어디 있겠는가?"라고 즐거운 직장생활의 중요성을 강조합니다. 일본 미라이 공업처럼 직원들이 "가정보다 직장이 훨씬 재밌고 행복하다."라고 서슴없이 말할 수 있는 회사가 경쟁력 있는 미래형 직장의 모습입니다.

직원들이 최선을 다하도록 독려하는 것

기업의 경영 활동에서 가장 중요한 진리가 있다면 그것은 혼자서 아무것도 할 수 없다는 사실이다. 따라서 사람들이 저마다 최선을 다할 수 있도록 분위기를 조성해 주어야 한다.

– J. 어윈 밀러(커민스 사 CEO)

촌철활인 | 한 치의 혀로 사람을 살린다

몰입flow으로 유명한 긍정심리학의 대가, 미하이 칙센트미하이는 "직원들이 최선을 다하도록 유도하는 것은 수익 증대의 수단이자 이들의 재능을 착취하는 것을 의미하지 않는다. 그것은 어디까지나 직원 개인이 발전할 수 있도록 하는 방법이며, 그렇게 함으로써 행복 증진에 기여하게 된다."라고 말합니다. 상사가 직원들에게 최선을 다하라고 독려하는 것은 조직을 위해 개인을 희생하라는 것이 아니라 개인의 성공과 행복을 위한 것이라는 주장에 동의합니다.

주인의식이 생기면 기적이 일어난다

가능한 말단에 있는 사람들까지 의사결정에 참여하게 하면 더 나은 결과를 얻을 수 있다. 그뿐만 아니라 구성원 개개인의 발전 속도도 더 빨라지고 맡은 일에 열의를 갖고 더 효율적으로 움직인다.

– 더글러스 맥그리거(MIT 교수)

촌철활인 | 한 치의 혀로 사람을 살린다

주인의식이 생기면 기적이 일어납니다. 상식적으로 의사결정을 할 수 없는 주인은 없습니다. 그러나 의사결정 권한도 주지 않고 주인의식이 없다고 탓하는 경영자들이 많습니다. 의사결정에 참여함으로써 직원들의 주인의식은 커집니다. 머리를 맞대고 결정을 함께 내려 목표를 공유한 직원들은 자신의 일을 소중히 여길 뿐 아니라 회사의 미래도 중시하게 됩니다.

목표를 아주 높게 잡아라

양편에서 각각 두 사람이 줄다리기를 하면 이들은 한 사람씩 줄다리기를 하는 것에 비해 93%의 힘을 쏟는다. 세 사람이 되면 두 사람 때와 비교해 85%, 그리고 팀당 8명이 되면 그 수치는 64%로 떨어진다. 팀 멤버가 8명만 되도 각자가 쏟을 수 있는 총력의 49%만 쏟게 되는 것이다.

— 링겔만(뉴욕대 교수)

촌철활인 | 한 치의 혀로 사람을 살린다

일반적으로 하나 더하기 하나는 둘 이상이 됩니다.(시너지 효과) 그러나 사람이 늘어나는 만큼 비례해서 생산성이 높아지지 않는 경험도 많이 하게 됩니다. 소위 역(-) 시너지 효과가 나타나는 것입니다. 문제의 핵심은 주인의식에 있습니다. 구성원 모두 주인의식을 갖게 하면 그 효과는 놀랄 만큼 커집니다.

행복한 직원이 일류를 만든다

고용주가 자신들을 잘 보살피지 않는다고 느끼는 직원들에게 "고객을 잘 보살펴라."라고 주문한들 제대로 효과를 거둘 수 있다고 생각해 본 적이 나는 없다. 보살핌은 애정이다. 기업들은 지난 수세기 동안 애정은 위임할 수 있는 것이 아니라는 사실을 잊고 있었다.

– 핼 로즌블러스(로즌블러스 여행사 회장)

촌철활인 | 한 치의 혀로 사람을 살린다

직원들을 잘 대하지 않으면서 친절한 고객서비스를 요구하면 직원들은 "회사가 나에게 잘 해주지도 않는데 내가 왜 회사가 원하는 대로 해야 한단 말인가?"라고 반문하게 됩니다. 회사가 먼저 직원들을 애정을 가지고 잘 보살펴야 좋은 환경에서 일하는 직원들의 세심한 배려가 고객에게도 전달되어, 결국 이익으로 되돌아옵니다.

행복한 직원은 결과로 보답한다

인간은 즐거운 상태가 되면, 그 기쁨은 단순히 고단한 일상을 견디게 하는 정도가 아니라, 활기차게 살도록 해주며 행복하다는 느낌을 준다. 이 상태에서 창의적 사고와 지각력, 정보처리 능력이 향상되고 신체 기능도 좋아진다. 이 상태에서 일을 하면 훨씬 더 빠르게 일을 처리할 뿐만 아니라 결과물도 더 우수해진다.

— 안토니오 다마시오(서던캘리포니아 대학 신경학과 교수)

촌철활인 | 한 치의 혀로 사람을 살린다

지나치게 느슨한 분위기나 지나치게 압박이 주어지는 작업환경에서는 높은 성과창출이 불가능합니다. 반대로 적당한 스트레스와 긴장감이 함께하는 즐겁게 일하는 분위기속에서 최상의 결과가 산출됩니다. 상상력, 창의력의 시대, 직원 최우선의 원칙을 다시 한 번 생각해 봅니다.

펀(fun) 경영의 핵심

아침에 일어나 출근하는 것이 즐겁지 않은 사람에게는 회사의 손익상태는 안중에 없게 된다. 인생은 직장생활의 재미를 경시해도 될 만큼 그렇게 긴 것이 아니다.

– 조엘 슬러츠키(오데틱스 경영자)

촌철활인 | 한 치의 혀로 사람을 살린다

사원이 오직 회사만을 위해 자신을 희생하면서까지 일하는 멸사봉공滅私奉公의 시대는 이미 지났습니다. 회사와 직원 모두에게 득이 되는 이른바 활사봉공活私奉公의 장이 되어야 매일 아침 회사에 출근하는 것이 즐겁게 느껴질 수 있습니다. 직장 내에서 삶의 의미를 찾는 사람들이 많아져야 합니다.

정보를 가진 사람은
책임을 회피하지 않는다

직원에게 내리는 지시는 단지 자기 자신의 한계만 깨닫게 하는 반면, 정보는 기회와 가능성을 갖게 해준다. 지시, 방침, 명령에 의한 엄격한 통제에서 해방시켜 자신의 아이디어, 의사결정 행위에 대한 책임감을 갖게 하는 것이 필요하다. 정보를 소유한 인간은 책임을 회피하지 않는다.

― 얀 칼슨(스칸디나비아 항공 전 회장)

촌철활인 | 한 치의 혀로 사람을 살린다

이젠 정보를 독점함으로써 파워를 강화하려는 사람은 없겠지만, 어려운 상황에서 좋지 않은 정보를 공개하는 것은 쉽지 않습니다. 그러나 어려울 때일수록, 좋지 않은 정보와 민감한 정보일수록 감추기보다는 먼저 공개해서 투명성을 확보하는 것이 구성원의 신뢰와 동참을 얻는 지름길입니다. 정보를 가진 직원, 의사결정에 참여한 직원들의 헌신과 몰입, 그리고 책임의식은 기대 이상으로 커지게 됩니다.

자긍심은 어디에서 나오는가?

조직에 대한 자긍심(pride)의 주요 원천에는 4가지가 있으며, 모두 탁월함이라는 공통된 특성을 반영하고 있다. 첫째, 수익의 탁월함이고 둘째, 업무 처리 효율성의 탁월함이다. 셋째, 제품(유용성, 차별성, 품질 등)의 탁월함, 그리고 마지막으로 도덕성의 탁월함이 자긍심의 원천이 된다. 사람들은 사업을 잘할 뿐만 아니라 선한 조직에서 일하고 싶어 한다.

– 데이비드 시로타, '열광의 조건'에서

촌철활인 | 한 치의 혀로 사람을 살린다

  구성원의 사기와 의욕에 따라 조직의 성과가 크게 달라집니다. 고수익이 직원들의 자긍심을 높이기도 하지만, 반대로 착한 조직에서 일한다는 사실이 자긍심을 높여 회사의 수익을 더욱 높여주기도 합니다. 주목할 점은 탁월성 excellence 추구에 있습니다. 평범함을 용인하는 것이 회사를 쇠락의 길로 인도할 수 있음에 주목해야 합니다.

우리가 권한 위양을 하는 솔직한 이유

우리는 솔직히 말해 기분이 좋아서가 아니라, 직원들의 재능을 자유롭게 펼치게 하는 것과 우리 사업의 성공 사이에 밀접한 관련이 있다고 믿기 때문에 권한 위양을 한다. 무한 경쟁시대에 기업이 시장 변화에 재빨리 반응하려면 소비자와 가장 가까이에 있는 사람들의 손에 책임, 권한, 정보를 주는 것은 당연하지 않은가?

– 로버트 하스(리바이스 회장)

촌철활인 | 한 치의 혀로 사람을 살린다

로버트 하스 회장은 경영방침에서 "조직에 적극적으로 책임과 신뢰의식을 불어넣음으로써 모든 사람의 능력을 키우고 발휘하도록 할 수 있다."라고 밝히고 있습니다. 임파워먼트가 경쟁력 배양을 위한 어쩔 수 없는 조치가 아닌, 구성원의 발전과 능력배양을 돕기 위한 사랑과 애정에서 비롯되었음을 미루어 알 수 있습니다.

최고경영자가
단 하나의 일만 해야 한다면

조직의 핵심 인재는 사랑받아야 하고 육성되어야 하며 영혼과 지갑에 보상받아야 한다. 왜냐하면 이들이 기적을 일으키는 사람들이기 때문이다. 이런 사람들을 잃는 것이야 말로 리더의 가장 큰 실패이다.

— 잭 웰치, '주주에게 보내는 편지'에서

촌철활인 | 한 치의 혀로 사람을 살린다

최고경영자에게 요구되는 일이 점점 늘어나고 있습니다. 최고경영자를 뜻하는 CEO Chief Executive Officer는 Chief Everything Officer라는 자조 섞인 농담도 있습니다. 이럴 때일수록 역으로 모든 권한과 책임을 혼자 다하는 것이 아니라 모든 것을 버려보는 것도 하나의 방법입니다. 모든 것을 버리고 단 하나만을 해야 한다면 그것은 단연코 핵심인재의 확보, 양성, 유지에 관한 것이어야 합니다.

자기에게 반하게 하려면

기업은 결국 사람이므로 정말 반해서 미치도록 따르는 사람 없이는 위대한 일을 할 수가 없다. 하지만 남이 자기에게 반하게 하려면 자기가 먼저 사람에게 반해야 한다. 사람에게 반하려면 따뜻한 인간미가 전제되어야 한다. 또한 남이 자기에게 반하려면 인간적인 매력이 있어야 한다. 위대한 리더가 되려면, 엄격한 신상필벌과 이성적 판단이 깔려 있으면서도 그 위에 따뜻한 인간미와 인간적 매력을 갖추어야 한다.

– 이명희(신세계 회장)

촌철활인 | 한 치의 혀로 사람을 살린다

맥아더, 아이젠하워 등과 함께 세계 1, 2차 대전을 승리로 이끌어 오늘날의 미국을 만드는 데 큰 역할을 한 조지 마셜 장군은 "만약 한 사람이 당신을 위한 사람이기를 바란다면, 절대 그가 당신에게 의지하고 있다는 느낌을 갖지 않게 하라. 당신이 그에게 의지한다는 것을 느끼도록 만들어라."라고 말했습니다. 리더십의 핵심은 구성원의 마음을 사는 것임을 깨우쳐 줍니다.

효과적 보상이란?

'재미있고 도전적인 일' '내가 열정을 가진 일' '업무 과정에서 나의 주장이 반영될 수 있는 일' '주도권을 가지고 성취감을 느낄 수 있는 일'이 입사와 근속 결정에 가장 중요한 영향을 미치는 요인인 것으로 나타났다.

— 맥킨지 보고서, 'War for Talent'

촌철활인 | 한 치의 혀로 사람을 살린다

금전적 보상, 복리후생 등은 종업원들을 대상으로 벌인 전 세계적인 조사결과 동기부여 요인 중 가장 낮은 것으로 평가되고 있습니다. 그러나 같은 조사에서 경영자들은 금전적 보상이 동기부여를 위한 첫 번째 요인인 것으로 생각하고 있습니다. 제대로 된 동기부여를 위해서는 내가 아닌 상대의 관점에서 살펴볼 필요가 있습니다.

20% 직원들만 뛰어난 성과 창출

66개 국가의 수백만 직원들에게 던진 "당신은 매일 직장에서 자신이 가장 잘하는 일을 할 기회를 얻고 있습니까?"라는 질문에 대한 답은 눈이 번쩍 뜨일 정도로 놀라운 것이었다. 다섯 명 중에 한 명, 즉 단 20%만이 "그렇다."라고 대답했다.

― 갤럽

촌철활인 | 한 치의 혀로 사람을 살린다

　인적자원이 최고의 자산인 정보지식사회에서 대부분의 기업이 단지 자기 직원의 20%에게서만 뛰어난 성과를 얻어내고 있다는 것은 놀라운 현실입니다. "나머지 80%를 개선시키려고 시도해도 그들은 엉뚱한 길로 들어서서 계속 이류 세계에 머물러 있고 만다."라고 갤럽은 결론짓고 있습니다. 80:20 법칙은 참으로 많은 것을 생각하게 합니다.

큰 소리로 싸우는 조직을 만들어라

직원들이 리더와 말다툼을 벌일 수 있어야 한다. 좋은 회사 안에서는 직원들이 서로에게 소리를 지른다. 하지만 그렇지 못한 회사가 너무 많다. 물론 사적인 이유로 입씨름을 벌이라는 말은 아니다. 뭘 해야 좋을지 열정적으로 논쟁하라는 것이다. 리더가 되면 독선적으로 변하는 사람들이 너무 많다. 비판의 소리를 도무지 들으려고 하지 않는다. 그럴 때는 좋은 아이디어가 사장되고 사람들은 입에 자물쇠를 채우게 된다.

— 래리 보시디

촌철활인 | 한 치의 혀로 사람을 살린다

소통에는 반드시 불협화음이 따르게 마련입니다. 두 사람의 의견이 항상 똑같으면 둘 중 하나는 필요 없다는 말이 있습니다. '침묵은 금'이라는 격언이 있지만 기업경영에서는 침묵은 독약이고, 사망의 전조에 다름 아닙니다. 큰 소리로 싸우는 것을 당연시하고 또 일부러라도 그렇게 장려할 배포가 있어야 합니다.

인사 조직관리의 요체

내 경험에 따르면 사람들이 회사 목표를 추구하면서 자신들이 성장하고 있다는 것을 확신하게 되는 순간, 당신은 점화 스위치를 얻게 되는 것이다.

– 신창재(교보 회장)

촌철활인 | 한 치의 혀로 사람을 살린다

조직행위론에서 제일 먼저 배우는 매우 단순한 원리입니다. 한 작업팀의 생산성은 구성원들이 어떻게 개인적인 목표와 조직의 목표를 연계시키느냐에 달려 있다Paul Hersey는 것은 그만큼 중요한 사실이기도 합니다. 이 원리만 제대로 알고 끝까지 일관되게 적용한다면 절반은 성공했다 할 수 있습니다.

고성과 창출 조직의 비밀

조직원들이 성과보다 노력이 중요하다는 착각을 하게 해서는 안 된다. 일을 하기 위해서가 아니라 성과를 올리기 위해 일해야 하며, 군살을 기르는 게 아니라 힘을 길러야 하고, 과거가 아닌 미래를 위해 일할 능력과 의욕을 갖도록 해야 한다.

– 피터 드러커, '만약 고교야구 여자 매니저가 피터 드러커를 읽는다면'에서

촌철활인 | 한 치의 혀로 사람을 살린다

그렇다고 노력을 경시해서는 안 됩니다. 물론 과정도 중요합니다. 그러나 투입in-put보다는 성과out-put에 초점을 맞출 때 조직은 고성과 조직으로 탈바꿈 할 수 있습니다. 열심히 일하는 것 hard work도 중요하지만, 현명하게 일하는 것smart work에 더 많은 신경을 써야 합니다.

다시 생각해 보는 보상

해마다 우리는 직원들에게 무엇이 동기를 일으키는지 묻는다. 그러면 그들은 해마다 다음과 같이 대답한다. 1. 업무를 수행하면서 느끼는 성취감 2. 동료와 상사의 인정 3. 승진 4. 관리 팀의 지원 5. 월급

– 앤드류레비(퍼포먼스 그룹)

촌철활인 | 한 치의 혀로 사람을 살린다

직원들은 존중, 인정, 칭찬, 자기개발, 흥미로운 업무를 최고의 '동기부여' 요인으로 꼽습니다. 반면 많은 경영자들은 급여나 복리 후생 수준이 낮아서 직원들이 열정과 몰입, 헌신을 보이지 않는다고 생각합니다. 직원 행복은 물질보다는 정신(감성)에 의해 좌우됨을 빨리 깨달아야 합니다.

인력개발 투자의 가치

미국 기업 3,000개를 대상으로 실시한 최근 조사에 따르면, 자산 개발을 위한 총수익 대비 10%, 투자는 생산성을 3.9% 끌어올린 반면, 인적자원 개발에 대한 유사한 투자는 생산성을 8.5% 끌어올렸다.

– 펜실베니아 대학

촌철활인 | 한 치의 혀로 사람을 살린다

잭 웰치 GE 전 회장은 직원 총 급여의 3%를 교육과 훈련에 투자했으며, 인텔은 리더십 개발에 연간 130시간의 근무 시간을 할애하고, 1인당 연간 5,000달러를 투자한다고 합니다. 회사의 최고의 자산, 인적자원 개발을 위한 투자는 어떠한 명목으로도 회피되어서는 안 됩니다.

지나친 경쟁은 부작용을 낳는다

경쟁은 어떤 상황에서는 자극을 주고, 흥을 돋우고 유용하다. 하지만 그러한 상황들은 조직에서 자주 일어나지 않으며 경쟁을 널리 이용하는 것은 정당화될 수 없다.

– 딘 쵸스볼드(경쟁과 협력 분야 연구가)

촌철활인 | 한 치의 혀로 사람을 살린다

경쟁은 아름답습니다. 그러나 조직 내에서 지나친 경쟁을 유도하는 것은 그만큼 큰 부작용을 불러옵니다. 재능 있는 사람들이 필요하지만 아무리 뛰어난 인재라도 혼자서는 일할 수 없습니다. 특히나 기업에서는 구성원 간 협력, 즉 집단의 노력이 중요합니다. 사람들은 개별적인 노력과 보상에도 만족하지만, 집단적인 노력과 보상에 열광하기도 합니다.

출간후기

권선복
(도서출판 행복에너지 대표이사)

　출판사를 경영하면서 참으로 다양한 도서를 세상에 내놓았지만 '행복한 경영이야기' 열 권 시리즈 출간만큼은 그 감회가 남다릅니다. '행복한 경영이야기'의 애독자로서, 휴넷 조영탁 대표의 팬이었던 제가 직접 이 시리즈를 제작했다는 사실만으로도 가슴이 벅찬 까닭입니다.

　수차례 출간회의를 하며 교류한 조영탁 대표는 굉장히 유연한 사고방식과 인간미가 넘치는 사업관을 지닌 분이셨습니다. 한편으로는 완벽한 자기관리를 추구하는, 냉철한 CEO의 면모 또한 엿볼 수 있었습니다. 그렇기에 더욱 자신 있게 '행복한 경영이야기' 열 권 시리즈를 도서출판 행복에너지에서 야심작으로 출간할 수 있었습니다. 자신만의 성공과 특권이 아닌, 타인의 행복한 삶까지 늘 돌보는 그분의 마음은 진심이기 때문입니다.

　행복한 경영이야기의 10년의 여정, 조영탁 대표의 그 열정에 다시 한 번 힘찬 응원의 박수를 보내며 행복에너지가 대한민국 방방곡곡에 전파되어 많은 사람들의 삶이 행복을 영위하게 되길 진심으로 기원합니다.

'행복에너지'의 해피 대한민국 프로젝트!
〈모교 책 보내기 운동〉

대한민국의 뿌리, 대한민국의 미래 **청소년·청년**들에게 **책**을 보내주세요.

　많은 학교의 도서관이 가난해지고 있습니다. 그만큼 많은 학생들의 마음 또한 가난해지고 있습니다. 학교 도서관에는 색이 바래고 찢어진 책들이 나뒹굽니다. 더럽고 먼지만 앉은 책을 과연 누가 읽고 싶어 할까요?
　게임과 스마트폰에 중독된 초·중고생들, 입시의 문턱 앞에서 문제집에만 매달리는 고등학생들, 험난한 취업 준비에 책 읽을 시간조차 없는 대학생들. 아무런 꿈도 없이 정해진 길을 따라서만 가는 젊은이들이 과연 대한민국을 이끌 수 있을까요?

　한 권의 책은 한 사람의 인생을 바꾸는 힘을 가지고 있습니다. 한 사람의 인생이 바뀌면 한 나라의 국운이 바뀝니다. **저희 행복에너지에서는 베스트셀러와 각종 기관에서 우수도서로 선정된 도서를 중심으로 〈모교 책 보내기 운동〉을 펼치고 있습니다.** 대한민국의 미래, 젊은이들에게 좋은 책을 보내주십시오. 독자 여러분의 자랑스러운 모교에 보내진 한 권의 책은 더 크게 성장할 대한민국의 발판이 될 것입니다.

　도서출판 행복에너지를 성원해주시는 독자 여러분의 많은 관심과 참여 부탁드리겠습니다.

도서출판 **행복에너지** 임직원 일동
문의전화 0505-613-6133

긍정하면 마술이 시작된다
조영탁 지음 | 284쪽 | 값 15,000원

인생이 지루하고 평범할 까닭은 없다. 우리의 매일매일이, 하나의 기적이요 기쁨이기 때문이다. 하지만 많은 이들이 삶이 힘겹고 재미가 없다고 한다. 그렇다면 '긍정'하라. 사고의 간단하고 전환으로 시작되는 일상의 마술. 이제부터 우리의 삶은 희열과 에너지로 가득 차게 될 것이다.

지금 당장 시작하라 Just Do It
조영탁 지음 | 280쪽 | 값 15,000원

지금 아무것도 하지 않으면서 어떠한 결과를 바라는 사람만큼 바보도 없다. 무엇이 되었든 실행을 하면서 수정, 보완하고 새로운 대책과 계획을 세워 나가는 것이 속도와 혁신의 시대, 21세기에서 살아남는 법이다. 책 『지금 당장 시작하라』는 몸으로 직접 부딪쳐 행복을 일구는 법을 담았다.

내 인생의 터닝 포인트
김원수 · 박필령 지음 | 316쪽 | 값 15,000원

이토록 행복하고 멋있게 살아가는 부부가 있을까. 이 책은 암이 가져다준 고통마저도 삶의 축복으로 승화시키는 애정과 헌신의 힘. 한 명의 보잘것없는 인간이 부부가 됨으로써 위대한 존재가 되어가는 과정을 담고 있다. "나의 인생이 즐겁고 아름다운 까닭은 단 하나, 바로 당신. 몇 번을 다시 태어나도 나에겐 오직 당신뿐입니다."

소리
정상래 지음 | 352쪽 | 값 13,500원

총 4권으로 구성된 『소리』(1부 - 한이 혼을 부른다)는 10년의 집필 기간이라는 혼신의 피땀이 담긴 역작이다. 『토지』나 『태백산맥』을 연상시킬 만큼 방대한 분량과 치밀한 구성, 유려한 서사는 이 나라, 바로 나 자신의 존재 가치와 이유를 증명하고 있다. 한 여인의 기구한 생이 한을 낳고 그 한이 혼으로 승화하는 과정을 통해 독자는 그 어느 작품에서도 맛볼 수 없었던 감동과 글의 풍미를 느낄 것이다.

함께 보면 좋은 책들

부부가 함께 만드는 행복 사다리

신진우 지음 | 284쪽 | 값 15,000원

그렇게나 사랑한 나머지 손을 꼭 붙들고 함께 식장에 들어섰던 그 혹은 그녀의 존재를 재확인하고 다시 인정하는 것에서부터 관계의 회복은 시작된다. 책 『부부가 만드는 행복 사다리』는 너무나도 당연한 부부간의 다툼을 어떻게 받아들이고 부부싸움 후 어떠한 방식으로 화해의 실마리를 풀어가야 하는가에 대해 한 수 알려준다.

그대 인연을 사랑하라

남달구 지음 | 300쪽 | 값 15,000원

『그대 인연을 사랑하라』는 비록 남달구 기자가 세상에 내놓는 첫 번째 책이지만 안에 담긴 '맛과 멋'은 장인의 솜씨와 열정 그대로이다. 특종과 이슈가 아닌 '가치와 진실' 그리고 '참 나'를 찾아 떠나온 삶의 여정. 책 『그대 인연을 사랑하라』는 수많은 독자에게 참된 나와 진실한 세상으로 가는 길목의 이정표가 되어줄 것이다.

인생 네 멋대로 그려라

이원종 지음 | 304쪽 | 값 15,000원

내 인생은 남이 그려 주지 못한다. 내가 그려야 한다. 내가 하고 싶고 나만이 할 수 있는, 독특한 내 멋대로의 인생을 그려 가야 한다. 이왕이면 대작, 천하를 호령하는 걸작을 그려 가야 하지 않겠는가? 자신이 느끼고 체험했던 사실들이 인생의 초행길을 가는 젊은이들에게 자그마한 등불이 되길 바라는 저자의 마음을 느껴보자.

하루 7분 기적의 글쓰기

김병규 지음 | 256쪽 | 값 15,000원

참 '말' 많은 세상이지만 정작 몇 줄 글을 제대로 쓰는 사람은 찾아보기 힘든 세상이다. 책 『하루 7분 기적의 글쓰기』는 누구나에게 익숙한 장르인 수필을 중심으로 쉬운 글쓰기의 진수를 보여준다. 하루 5분은 이 책을 읽고 2분은 자신만의 글을 쓴다면 글쓰기는 더 이상 두려움을 대상이 아닌, 삶의 맛을 더욱 풍성하게 해주는 향신료로 다가올 것이다.

내 아이를 위한 인문학
채성남 지음 | 260쪽 | 값 15,000원

책 『내 아이를 위한 인문학』은 동양 최고의 스승 공자孔子의 『논어』와 그의 사상을 바탕으로 참된 교육에 대해 한 수 일러준다. 교권이 바닥에 떨어지고 방황하는 청소년이 늘어가는 이 현실을 타파할 유일한 해결책은 부모의 참된 교육임을 공자의 음성으로 생생히 또한 구체적으로 설명하고 있다.

부모를 위한 인문학
노재욱 지음 | 272쪽 | 값 15,000원

인성을 겸비한 영재를 고대하는 세상의 부모들을 위하여 한국인성교육학회 이사장 노재욱 박사가 동서양 인문학의 핵심만을 담아 자녀 교육서를 냈다. 부모는 자식의 거울임을 인지한다면 가장 좋은 자녀 교육의 길은 부모 스스로 소양과 인품을 갖추는 것임을 강변하고 있다.

열정은 배신하지 않는다
김의식 지음 · 이준호 엮음 | 272쪽 | 값 15,000원

과연 대한민국의 대학교는 우리 젊은이들에게 지성과 밝은 미래의 산실이 되어 줄 수 있는가?
구태에서 벗어나 현실적이면서도 획기적인 방식으로 학생들을 지도하는 Yes Kim 의 강의에 그 답이 있다. 듣는 것만으로도 가슴 뛰게 하는, 그 열정을 행동으로 이끄는 수업에 귀 기울여 보자.

나는 기적을 믿지 않는다
구건서 지음 | 304쪽 | 값 15,000원

Keep Looking, Don't Settle!
힐링을 끝마쳤다면 지금 당장 '스탠딩' 하라! 아시아 최고의 노무사이자 대한민국 최고의 명강사 구건서가 전하는 당신의 무기력한 삶을 성공으로 이끌 Success Navigatorship, 그 8가지 키워드!
우리의 삶 매 순간이 '기적'이었음을 두 눈으로 똑똑히 목격하자.